Romance Espírita

LA CASA DEL ACANTILADO

Por el espíritu

Antônio Carlos

Psicografía de

VERA LÚCIA MARINZECK DE CARVALHO

Traducción al Español:

J.Thomas Saldias, MSc.

Trujillo, Perú, Mayo 2022

De la Médium

Vera Lúcia Marinzeck de Carvalho (São Sebastião do Paraíso, 21 de octubre –) es una médium espírita brasileña.

Desde pequeña se dio cuenta de su mediumnidad, en forma de clarividencia. Un vecino le prestó la primera obra espírita que leyó, "El Libro de los Espíritus", de Allan Kardec. Comenzó a seguir la Doctrina Espírita en 1975.

Recibe obras dictadas por los espíritus Patrícia, Rosângela, Jussara y Antônio Carlos, con quienes comenzó en psicografía, practicando durante nueve años hasta el lanzamiento de su primer trabajo en 1990.

El libro "Violetas na Janela", del espíritu Patrícia, publicado en 1993, se ha convertido en un éxito de ventas en el Brasil con más de 2 millones de copias vendidas habiendo sido traducido al inglés, español, francés y alemán, a través del World Spiritist Institute.

Del Traductor

Jesus Thomas Saldias, MSc., nació en Trujillo, Perú.

Desde los años 80's conoció la doctrina espírita gracias a su estadía en Brasil donde tuvo oportunidad de interactuar a través de médiums con el Dr. Napoleón Rodriguez Laureano, quien se convirtió en su mentor y guía espiritual.

Posteriormente se mudó al Estado de Texas, en los Estados Unidos y se graduó en la carrera de Zootecnia en la Universidad de Texas A&M. Obtuvo también su Maestría en Ciencias de Fauna Silvestre siguiendo sus estudios de Doctorado en la misma universidad.

Terminada su carrera académica, estableció la empresa *Global Specialized Consultants LLC* a través de la cual promovió el Uso Sostenible de Recursos Naturales a través de Latino América y luego fue partícipe de la formación del **World Spiritist Institute**, registrado en el Estado de Texas como una

ONG sin fines de lucro con la finalidad de promover la divulgación de la doctrina espírita.

Actualmente se encuentra trabajando desde Peru en la traducción de libros de varios médiums y espíritus del portugués al español, así como conduciendo el programa "La Hora de los Espíritus."

PRIMAVERA DE 2000

Angélica miró las cajas, maletas y ropa que estaban sobre la cama y suspiró.

– "¡Cómo el cambio requiere trabajo!"

Quería tapar el enorme espejo del tocador, pero no lo hizo.

– "Puede que no me vea en el espejo, pero la gente me ve"– Pensó.

Prefería recordar su imagen de antes, con su cabello rubio rojizo, lacio, suave y largo. Sacudió la cabeza.

– "¡Volverán a crecer!" – Habló suavemente.

Escuchaba esto mucho y anhelaba volver a tenerlos. Pero lo que importaba, lo que dolía, era que en ese momento no los tenía. Le molestaba la peluca, por eso usaba un pañuelo en la cabeza, los tenía en diferentes colores, se los había comprado su mamá. Pero incluso muy vanidosa, no tener pelo no era lo peor. Ni siquiera podía recordar las náuseas, los vómitos, la terrible debilidad que sintió después de la medicación.

– "¡Me curaré! ¿Lo hará?" – Tartamudeó, encontrando extraña su propia voz.

– "¡Ja, ja, ja, calva! ¡Qué fea!"

Dijo riéndose alguien que era invisible para la niña, pero ella sintió la vibración, se pasó la mano por la cabeza y susurró:

– "Si alguien me ve así, se reirá."

Se puso el pañuelo. Tuvo la impresión que alguien estaba detrás de ella y se dio la vuelta, no vio a nadie. Un cajón que acababa de cerrar estaba abierto.

– "¡Vaya! ¡Lo cerré yo misma, estoy segura!" – Y lo cerró herméticamente.

– "Ja, ja, ja..."

Tuvo la impresión que alguien se había reído.

– ¡Angélica! – Gritó su hermano, Henrique, entrando en la habitación.

– ¡Me asustaste! ¿Son estas formas de entrar en la habitación? – Murmuró la chica.

– Disculpa, no quise asustarte. Vine a ver si necesitas ayuda. ¿Te gustó la casa? ¿De los muebles nuevos? ¡Tu habitación es hermosa!

– ¡Me gustó todo! Siempre quise tener una habitación para mí sola – expresó Angélica.

– Esta casa tiene muchas habitaciones, todas grandes. La suite de mamá y papá, la habitación de Fabiana, la tuya, otra de invitados y la mía, que también es grande y bonita. Esta casa fue un hallazgo, ¿no crees?

– Y todavía no está lejos de la ciudad – dijo Angélica.

– Son quince kilómetros. En la otra ciudad donde vivíamos, la escuela estaba a treinta kilómetros. Te gustará aquí, hermanita, ¡El aire es tan puro! Pero te quejaste cuando entré. ¿Qué pasó?

– Estaba seguro que cerré el cajón, me di la vuelta y estaba abierto.

– Xi, no sé, no quería hablar, pero... – Henrique puso cara de suspenso.

– ¡Ahora habla!

– Fantasmas, creo que hay fantasmas en esta casa.

– ¡Ay, Enrique! No vengas con tonterías. ¿Tú crees eso?

– ¡No lo sé! No lo creía, pero ahora no lo sé. Angélica, analicemos. Papá alquiló esta hermosa casa, en este hermoso lugar, cerca de la ciudad y del mar, solo baje la colina y tenemos hermosas playas a ambos lados, por un pequeño precio. La inmobiliaria alegó que el propietario quería una familia para vivir y no por una temporada, como si muchas casas se alquilasen por aquí. ¿No puedes sospechar que hay algo extraño? Desde que llegamos aquí he visto y oído cosas inexplicables, ruidos raros, suena como un ronquido, no puedo explicar qué es. Bueno, dejémoslo así, me alegro que hayas venido y te haya gustado aquí, yo también lo estoy disfrutando. La escuela es buena y ya he hecho amigos. Y mira mi bronceado, es de ir a la playa.

Angélica miró a su hermano mientras hablaba. Henrique era guapo, catorce años, fuerte y alto para su edad, pero aun se sentía como un niño, su cabello era como el de ella, rojizo, ojos grandes y mirada inteligente. Había venido antes con su padre, Roberto; su madre, Dinéia, se había quedado con ella en el hospital.

Cuando le dieron de alta, se quedó en casa de su abuela y vino su madre. Solo cuando se sintió mejor vino, eso fue la tarde anterior. Estaba empacando sus pertenencias en la enorme sala.

– ¡En verdad la casa es hermosa! ¡La casa del acantilado! – exclamó Angélica.

– ¿Cómo sabes su nombre? – preguntó Enrique.

– Leí el letrero en la entrada – dijo la niña, riendo.

– Vamos abajo, Angélica, déjalo para arreglar luego, quiero mostrarte los dos perros que me compró papá.

– Entonces, ¿tienes perros? Hizo tu sueño realidad – dijo su hermana riendo.

– Aquí está perfecto, o casi, espero que el fantasma no se interponga.

Henrique tomó la mano de su hermana y se fueron riendo. Alguien que los miraba murmuró:

– "No quiero a nadie en esta casa, si tengo que quedarme aquí, ¡que sea solo!"

Y la puerta del dormitorio se cerró de golpe.

– ¡Es el viento! – Exclamó Angélica.

– Pero no hace viento… – dijo Henrique.

– ¡Veamos a tus perros!

Angélica se estremeció, trató de seguir sonriendo, no quería prestar atención a que la puerta se había cerrado de golpe aun con escalofríos, quiso participar del entusiasmo de su hermano y fue con él a ver los cachorros.

Henrique había hecho un corral en el lado derecho de la casa, hizo una perrera para los dos cachorros. Angélica pensó que eran hermosos, los tomó.

– ¡Qué hermosos, Enrique! ¡Qué hermosos animales!

Levantó la cabeza y miró, la casa era tan majestuosa, en medio de las piedras y la vegetación.

Era una casa de dos pisos recién pintada de blanco y azul, con varias ventanitas sin alero, algunas con vitrales de colores, no tenía balcón, era una construcción antigua, bien hecha, de esas que pasarán la prueba del hora.

– "Debes guardar muchas historias..." – Pensó la niña, sin dejar de observar la casa.

En la planta superior se encontraban los dormitorios y baños, en la planta baja las salas de estar y la cocina, la entrada daba a un recibidor donde se ubicaban las distintas puertas de acceso a las habitaciones y las escaleras. La casa estaba bien dividida, las habitaciones eran grandes y ventiladas. Sintió que alguien la observaba y creyó ver una figura en una de las ventanas. Cuando volvió a mirar, no vio nada más. Angélica tenía un cachorro en brazos y Henrique tomó el otro, eran lindos animalitos, blancos con manchas negras. Fueron a la cocina.

– ¡Buenos días, Nana! – Exclamó la niña.

– Buenos días, estoy haciendo el dulce que te gusta, te voy a alimentar bien y pronto estarás como antes.

– No exageres, quiero volver a mi peso, pero no engordar. Entonces, doña Filomena, ¿le gustó aquí?

– Chica, no me llames así, sino adiós dulce – se rio la criada.

Filomena, a quien todos llamaban Nena, llevaba mucho tiempo con ellos, era una mulata amable, trabajadora, era como de la familia. Cuando se mudaron, ella los acompañó.

– Entonces, ¿te gustó aquí, Nena? – Insistió Angélica.

– ¡Me gusta! El clima es muy bueno: mar, montaña y sol. ¡Ven a ver mi habitación!

De la cocina bajaron por un pasillo y allí estaba el apartamento de Nena, grande y aireado.

– ¡Qué hermoso! – exclamó Angélica –. Está bien instalado. Nena, el servicio debe haber aumentado mucho, ¿te has dado cuenta? ¿Mamá ha ayudado?

– Doña Dinéia recibió muchos pedidos. Está trabajando duro. Don Roberto contrató a una señora de la limpieza de la ciudad, viene todos los lunes.

– ¿Vendrá de nuevo? – intervino Henrique –. Ella tiene miedo de las cosas raras que pasan por aquí. La escuché gruñir, quería que me quedara en la sala con ella mientras limpiaba. Dio gracias a Dios cuando terminó el trabajo y mamá le pagó.

– ¡Henrique, detente! No debes tener miedo de un alma en pena – dijo Nena.

– "¡No soy un alma en pena!" – Dijo la figura.

– No es un alma en pena – repitió Henrique –, sino un fantasma.

– ¿Por qué? – Preguntó Nana.

– No sé, alma en pena es quien tiene piedad. Y este fantasma no es un pájaro.

– Alma en pena, porque debemos tener lástima, dolor, porque el muerto no encontró su lugar – insistió Nena.

– ¡Qué complicado! – exclamó Angélica –. Deja esa historia en paz. Voy a ver a mamá.

Henrique fue a cuidar a los cachorros y Angélica fue al estudio de su madre. En una de las habitaciones, Dinéia hizo su oficina.

– ¡Angélica! – exclamó la madre, feliz. Mira qué bonita está mi oficina. No puedo creer que ahora tengo un lugar solo para que yo trabaje, sin que me molesten ni me incomoden.

– Nena me dijo que tienes muchos pedidos.

– ¡Como nunca lo había hecho! Tres tiendas en la ciudad se interesaron en mis joyas y mis antiguos clientes hicieron grandes pedidos. Mira, estas piedras son aquí de la región.

– "Mi mamá es artista – pensó Angélica –. Su trabajo es delicado, perfecto, lo hace bien porque le encanta hacerlo."

– ¡Son hermosos, mamá! Estas nuevas piezas son maravillosas. Este lugar debe haberte dado más inspiración. ¡Ellos son perfectos! ¡Felicidades!

Cayó una caja que estaba encima de un mueble. Dinéia recogió los pedazos que estaban esparcidos.

– ¡Qué extraño! ¿Cómo se cayó? – Preguntó Angélica.

– Vaya, debo haberlo colocado mal.

– "¡Qué cosa! – exclamó la figura, molesta –. No puedo asustar a esta mujer. Ella tiene una explicación para todo. Quien la puso en el lugar equivocado. Nunca he visto a nadie más distraído."[1]

---

[1] Nota de la médium: Cuando el espíritu quiere mover un objeto, utiliza una combinación de sus propios fluidos con los de un médium, con o sin su conocimiento, y durante cierto tiempo impregna el objeto, pudiendo entonces, a voluntad, darle movimiento. Los espíritus pueden llegar a conocer, independientemente de su evolución moral, la forma de manipular esta energía. Véase El Libro de los Médiums, de Allan Kardec. Nota de la médium: Cuando el espíritu quiere mover un objeto, utiliza una combinación de sus propios fluidos con los de un médium, con o sin su conocimiento, y durante cierto tiempo impregna el objeto, pudiendo entonces, a voluntad, darle movimiento. Los espíritus pueden llegar

Angélica dejó a su madre trabajando y fue a buscar a su hermano. Lo encontró jugando con los perros.

– Henrique, ¿por qué no fuiste a la escuela?

– Iba a haber una reunión de profesores. Vamos, Angélica, te mostraré el terreno alrededor de la casa. De este lado, a la derecha, hay una cuesta con árboles, creo que no son nativas, que fueron sembradas, ya que hay muchas plantas de la misma especie; al fondo una pequeña huerta, al frente el jardín que la madre está cultivando, debe ser hermoso, y a la izquierda el bosque.

– ¿No ves el mar desde aquí? – Preguntó la chica.

– Solo si te subes a este árbol alto. La casa está en el cerro, el camino pasa justo por ahí; avanzando por este camino llegaremos a ella, y siguiendo un sendero por el bosque, después de las rocas, el hermoso y maravilloso mar, donde las aguas golpean las rocas, y caminando un poco más adelante tenemos una hermosa playa. Bajando por la carretera de la izquierda tenemos la ciudad.

– Me voy a mi cuarto, creo que estoy cansada – dijo Angélica al despedirse de su hermano.

---

a conocer, independientemente de su evolución moral, la forma de manipular esta energía. Véase *El Libro de los Médiums*, de Allan Kardec.

Entró y, curiosa, se puso a mirar todo, esa casa despertó su interés. Tenía tres habitaciones grandes, un solo balcón pequeño frente a la puerta principal. Había una chimenea de piedra muy hermosa en una de las habitaciones.

– "Estábamos todos bien acomodados" – pensó.

Entró en su habitación, se sentó en un sillón, miró la ropa para poner en su lugar, decidió dejarlo para más tarde y descansar. Estaba cansada, un simple paseo la dejaba postrada.

La figura la miró y se rio, encontró la calva muy graciosa. Ella comenzó a pensar y él se sentó cerca y escuchó.

– "Han sido meses, casi dos años, todo era tan diferente… ¡Ese fue un gran cambio!

Acabababa de cumplir diecisiete años, estábamos en el inicio del año escolar, estaba en mi tercer año de secundaria, quería continuar mis estudios, estaba en duda entre psicología y farmacia. Estaba saliendo con César, pensé que estábamos enamorados. Tenía muchos amigos, iba a fiestas, clubes nocturnos, me gustaba salir a caminar.

Mi regla se hizo irregular, comencé a sangrar mucho. Fui al médico, quien recogió material para el examen y, cuando estuvo listo, el médico llamó a mis padres. Fui, si había algún problema era mejor saberlo pronto. Y lo hubo. El Dr. Lúcio daba muchos rodeos, explicaba mucho, decía que tenía que buscar un especialista, tal vez tendría que operarme, etc.

– Por favor, doctor, dígame qué tiene mi hija – preguntó mamá.

En un impulso tomé el papel, el resultado del examen del escritorio y comencé a leer. Los tres se quedaron en silencio, me miraron, tartamudeé:

– Células cancerígenas. Tengo cáncer...

El médico tardó unos segundos en volver a hablar.

Actualmente hemos tenido buenos resultados con esta enfermedad. Por eso te recomiendo acudir de inmediato a un especialista. ¡Te curarás!

– ¿Cómo puede estar tan seguro? – Preguntó mamá.

– Bueno, creo que pronto lo descubriremos y ¿moriré? – Interrumpí.

– ¡De esta enfermedad, ciertamente no! Eres joven, lucharás y vencerás. Como dije, muchos sanan y tú también sanarás.

Solo lloré en casa, sola en la habitación. No quería morir. Tenía tantos sueños, tantas cosas que quería hacer. Era joven, hermosa y feliz. No quería enfermarme. Sabía poco sobre esta enfermedad, solo que ella hacía sufrir mucho. No quería tener dolor. Lloré hasta dormirme. Al otro día nadie en la casa comentó nada, mamá y papá parecían normales, como si nada hubiera pasado. Decidí actuar como ellos. En lugar de ir a la escuela, fui a una biblioteca a investigar sobre la enfermedad; lo que leí me desanimó, no pude contener las lágrimas; solo lloré en voz baja para no molestar a otros lectores. Pensando que esto me enfermaba, salí para mi casa, no leí nada más y traté de no hablar de esta enfermedad. Intenté animarme y pensar en lo que diría el amigo médico, en la posibilidad de curarme, tenía que esperar. Oré mucho pidiéndole a Dios por mi sanidad. Entendí que no solo yo sufría, mis padres también sufrían mucho, por ellos hice el esfuerzo y acepté hacer lo que ellos decidieran.

Se realizaron nuevas consultas, diagnóstico confirmado y cirugía, en la que se extirparon un ovario y el útero. Todo sucedió tan rápido, estaba tan mimada y todo salió bien. César me visitó en el hospital, me trajo rosas, me hizo compañía. Los amigos se turnaron. Tenía dolor, pero los días pasaban rápido y luego vino lo peor: el tratamiento. Me tuvieron que internar, me quedé en el hospital sin familiares, en una habitación con otras personas, porque el tratamiento era caro y lo tenía que hacer el plan de salud de papá. Se sentía muy mal al tomar la medicación, vomitaba mucho, estaba deprimida y de mal humor, se me cayó el pelo, los amigos empezaron a irse y César empezó a reducir las visitas.

– Angélica, vieron a César en una fiesta y con una chica – Lloré cuando Fabiana me lo dijo.

– ¡Desagradecido! ¡Imbécil! – Lo maldije con enfado.

Mamá me consoló y entendí que César era joven, veinte años, estudiaba, era guapo, era difícil para él tener que quedarse en casa, teniendo una novia enferma. Y cuando vino a visitarme, rompí con él.

– César, he estado pensando, no está bien que te aferres a mí. No creo que quiera salir contigo y...

– Es ese doctor, ¿no? ¿Te gusta?

No tenía nada que ver con el médico, un joven graduado que siempre venía a visitarme cuando estaba en el hospital. No lo negué, sería más fácil. Decidimos ser amigos y César se fue, yo estaba llorando, no solo por él, por todo, estaba cansada de medicinas, doctores y hospitales.

Un amigo de la escuela vino a visitarme, me habló de los preparativos para la fiesta de graduación. Ya no fui a la escuela, dejé de estudiar. No tenía ánimos para nada, a veces ni siquiera podía leer un libro, algo que siempre me gustó. No dejaba de pensar, si no fuera por la enfermedad, yo también estaría feliz pensando en la fiesta de graduación. Pasé unos días muy triste, pero entendí que mis padres y abuelos sufrían conmigo y traté de mejorar, de no estar triste. Comprendí que peor que la enfermedad es sentir pena por uno mismo. Traté duro de expulsar la autocompasión.

Fue muy malo estar enferma. ¡Cómo aprendí a valorar la salud del cuerpo! A menudo quería llorar y no podía. En el hospital había otros pacientes que lloraban juntos o se molestaban porque yo quería dormir, leer o hablar, no estaba bien empeorar el ambiente con mis lamentos. ¡Cómo quería llorar en los brazos de mi madre, como cuando era niña! Pero al verla sufrir, hasta adelgazaba, tratando de animarme, tratando de sonreír, no quería entristecerla más. Papá jugó duro, pero muchas veces, cuando salía de la habitación, lo hacía llorando. ¿Cómo entristecerlo más? En casa no me dejaban sola, compartía la habitación con Fabiana. Una vez salió, a una fiesta, iba a dormir a casa de una amiga. Lloré hasta dormirme, me hizo bien, las lágrimas parecían lavarme, limpiarme. Un día, pensando que mi hermana estaba durmiendo, lloré suavemente.

— ¿Estás llorando, Angélica? — Preguntó Fabiana.

— ¡No claro que no! – Respondí.

— ¿Por qué escondes tu llanto? ¿Qué hay de malo en llorar cuando tienes ganas?

Tienes motivos para hacerlo.

– ¿Motivos? ¿Crees que tengo motivos?

– ¡Por supuesto! Está enferma, tienes dolor, te sometes a este tratamiento que te incomoda mucho. ¿Quieres que te abrace? ¿Quieres llorar conmigo?

– ¡Claro que quiero!

Desde ese día ya no lloré a escondidas, me refugié en los brazos de la abuela, papá, mamá y Fabiana. Pero el llanto compartido es más reconfortante, lloré menos al recibir el cariño del cariño.

Pude consolar y fui consolada.

Vi a muchos enfermos en el hospital. Me hice amiga de Eunice, una mujer enferma que tenía tres hijos pequeños.

– Me alegré de no tener hijos, sería mucho peor morir y dejar huérfanos – dije en voz alta y mi voz se hizo extraña al hacer eco por la habitación.

Volví a mis pensamientos, a mis recuerdos. Eunice estaba muy bien, optimista, tenía dolores, no se quejaba, solo lloraba cuando los niños se iban en las visitas rápidas. El esposo era joven, se veía cansado, trabajaba duro, cuidaba a los niños y estaba endeudado. Eunice estaba cada vez peor, se puso muy fea, delgada y aun así seguía sonriendo y animando a todos.

– Ánimo, Angélica, tu cáncer no es del mismo tipo que el mío. Será imposible para mí sanar, ¡pero tú lo harás!

– Eunice, ¿qué religión sigues? – Le pregunté; curiosa.

– ¡Soy espírita! Sabes, Angélica, el Espiritismo nos da mucha comprensión de la vida, nos hace comprender y aceptar los malos acontecimientos, llevándonos a comprender la bondad y la justicia de Dios. No es una religión del sufrimiento, pero nos hace comprenderlo. Aprovecho esta lección, sí, veo mi enfermedad como una gran lección, me he vuelto más humana, comprensiva, he meditado y siento a Dios en mí.

– ¿Y tus hijos? – Pregunté.

– Me necesitan, lo sé. ¿Quién no necesita una madre?

Pero mi esposo es muy bueno y tienen dos abuelas maravillosas, estarán protegidos.

Sentí tanta pena por Eunice y sus hijos que oré mucho pidiéndole a Dios que se pusiera bien, si yo quería que ella me llevara a mí en su lugar, no me importaría morir en su lugar.

Ella y los niños serían más útiles que yo.

Eunice ayudó a todos, dio consuelo, guio. Me gustaba, la admiraba. Salí del hospital dejándola enferma. Cuando regresé, una enfermera me dijo que había fallecido, tan serena como había vivido. Lloré, la extrañaba.

Marcia se había quedado en la cama junto a mí esa vez, tenía dieciséis años y también tenía cáncer. Recibió una sola visita, la de la trabajadora social de su internado. Era huérfana, estaba en una institución para menores. Pasó más tiempo en el hospital para recibir atención que no tendría donde vivía. La escuché llorar en voz baja, le pregunté por qué, ella respondió:

– ¡Tengo miedo!

– ¿Quieres que acerque mi cama a la tuya y te tome la mano? – Le pregunté.

– ¡Sí, quiero!

– No llores, Marcia, te vas a curar – la consolé tomándola de la mano.

– Tal vez sane, pero ¿quién se alegrará de mi recuperación? No tengo nadie.

– ¿Tu alegría no es suficiente? Seguirás teniendo a tu familia.

– Pronto tendré que dejar la institución, me preocupa qué hacer, con quién quedarme. ¿Qué pasa si no se ha curado? Pero la trabajadora social me aseguró que la institución me albergará hasta que me cure. El hospital hace todo el tratamiento – dijo.

– ¿No tienes amigos? ¿No conoces a nadie por ahí? – Le pregunté.

– Solo tú, las enfermeras y los médicos. Tengo amigos allí, pero no pueden venir aquí.

Están solos como yo. No me importa curarme, tal vez sea mejor morir. ¿Tienes miedo a la muerte?

– No lo sé, pero no quiero morir – respondí.

– Sabes, Angélica, a veces la soledad duele más que el tratamiento.

Marcia se durmió y yo me quedé pensando en lo que dijo: la soledad duele más... Di gracias por tener cariño.

Muerte, es extraño pensar en eso, pensar que este cuerpo que cuidamos, higienizamos, será polvo. No había pensado en esa posibilidad hasta que me vi en peligro, teniendo una enfermedad que podría ser fatal. Y pensar que sucederá es confuso, en esto envidiaba a los espíritas, parecían tener este entendimiento. Decidí no pensar en ella, como si no pensar descartara esa posibilidad. Pero todo es vida y empecé a hacer planes, proyectos, cosas que haría en cuanto mejorara.

Lucita tenía leucemia, solo tenía ocho años, lloraba, llamaba a sus padres, no quería inyectarse. Escucharla me dio ganas de llorar, tampoco quería ponerme la inyección.

Pero era adulta o lo suficientemente grande como para hacer valer mi voluntad, lloraba en voz baja, cubriéndome el rostro con la sábana. Lucila también murió. Y yo estaba en el hospital cuando sucedió. El llanto de dolor de su madre me hizo callar, era un llanto tan doloroso que hizo callar a todos. Ahí tuve mucho que pensar, creo que todos los que están hospitalizados tienen motivos para pensar en la vida y la muerte.

Una vez, en el hospital, en la sala de al lado, la masculina, encontré a un hombre que estaba enojado, decía blasfemias, maldecía, era grosero. Tenía cincuenta y cuatro años.

Yo sabía por qué dijo:

– Solo tengo cincuenta y cuatro años, ¿cómo morir? ¡Maldita enfermedad!

No seguía los consejos y evitaba a todos. La hermana Beatriz, una monja, le pidió que se callara, él solo lo hizo cuando ella se lo dijo. Cuando se calmó, todos suspiraron aliviados.

Sor Beatriz entró a nuestra enfermería de visita, justo después de haberle mandado callar; al vernos asustadas, dijo animándonos:

– Vamos a orar, por favor no entren en la vibración de rebeldía de este caballero. ¡Dios sabe lo que hace! Después de haber tenido muchas curaciones, más de la mitad de nuestros enfermos han sido curados.

– ¡Sin desánimo! Padre Nuestro...,

Me quedé pensando en lo que había dicho la hermana Beatriz, sabía que no era cierto, algunos sanaron, pero la mayoría murió.

Al verme preocupada, se acercó a mí cariñosamente.

– ¡La rebeldía es contagiosa! No te desanimes, hija mía. Tu tratamiento ha valido la pena.

A nadie le gustaba cuidar al señor enojado, lo hacían porque tenían que hacerlo. Concluí: sufre más.

Rezaba mucho, mientras estaba en cama en el hospital y en casa, la oración me consolaba, trataba de ser optimista y quejarme menos.

No volví a ver a ese señor, la enfermera dijo que había regresado una vez más, se quejó del servicio y se fue a otro hospital.

Cada enfermo que veía en el hospital parecía ser yo, me identificaba, sentía lo que estaban sufriendo, algunos más que yo. Lloramos juntos, hice amigos, teníamos mucho en común de qué hablar, teníamos esperanza. Y el tratamiento no fue fácil. Uno se acordaba de todo, pero los malos recuerdos no se deben adorar, había que olvidar, porque el tratamiento había terminado, y según los médicos, con éxito. Y no lo voy a pensar más, mi enfermedad quedó en el pasado y él pasó...

Me hospitalizaron cuando papá y mis hermanos se mudaron aquí.

¡Papá estaba tan feliz, muy emocionado!

– ¡El lugar es hermoso! Tendremos el mar, la montaña y la paz. Compré muebles nuevos, la casa es grande. Y tú, hija mía, tendrás una habitación para ti sola.

Me gustaba haber cambiado, no extrañaría nada, los amigos estaban fuera, César estaba saliendo con otra persona, los compañeros de escuela se habían graduado el año anterior, muchos pasaron a la educación superior, otros estaban tomando un curso de preparación y yo todavía tenía que terminar la escuela secundaria.

Después, siempre era desagradable encontrarme con conocidos, que me miraban con lástima, viéndome como un futuro difunto o, piadosos, tratando de animarme. La mayoría quería saber sobre el tratamiento, los resultados. No entendieron que yo no quería hablar de la enfermedad.

Al menos allí nadie me conocía ni sabía lo que me había pasado."

– "¡Qué cambio! ¡Espero que este, en esta casa, sea la última!" – Suspiré y comenzó a ordenar su habitación.

La figura que se había sentado al lado de Angélica y escuchado sus pensamientos, sus recuerdos, era Osvaldo, un desencarnado que vivía allí.

Cuando la niña se levantó de su silla, él se secó las lágrimas que corrían por su rostro.

– "¡Qué cosa! ¡Qué tristeza! ¡La calva es así por una enfermedad o por el tratamiento de esta horrible enfermedad! ¡Pobrecita! Mirándola, ¡no es fea! ¡Y me reí de ella! Es delgada, pero su cuerpo está bien hecho, sus labios están bien diseñados, su nariz es pequeña y sus ojos son hermosos, son como dos *jabuticabas* negras. ¡Esto no me atormenta! ¡No es de extrañar! ¡No es lo mismo!

¡Estás enferma! Cree que se ha curado, pero de esa enfermedad no se cura nadie. Te enfermarás más hasta que mueras. ¡Entonces serás como yo! ¡Es tan extraño, mueres tan fácilmente!"

Salió de la habitación, se sentó en un rincón de una de las habitaciones y se puso a pensar, a recordar:

– "¡Quédate aquí! ¡Quédate para siempre!"

Malditas palabras que me sujetan, llevo aquí muchos años, no sabría decir cuántos, y no puedo salir. Me gusta la soledad, la gente me molesta, se queja demasiado, incomodan. Si tengo que quedarme aquí, prefiero estar solo. Tengo que sacar a esta familia de aquí como hice con las demás.

Recibí los impactos, dos tiros certeros, luego la pesadilla, tardé en salir de aquella maldita modorra y me encontré solo en esta casa, que parecía abandonada. Gran parte de los muebles ya no están, la decoración de la casa era muy linda, alfombras rojas, tapicería brillante, muchos jarrones con flores, cortinas de terciopelo, la casa siempre fue hermosa; Leda tenía buen gusto.

La maleza alrededor de la casa estaba alta, el jardín desapareció, no había más macizos de flores. Fue muy triste, abandonado así. Fue un período muy confuso, no sabía lo que estaba haciendo allí.

Solo, había dormido mucho, pero me aterrorizaba hacerlo, pues soñaba, o mejor dicho, tenía pesadillas, con aquellas trágicas escenas que quería olvidar y no podía.

Caminé alrededor de la casa y alrededor de ella con dificultad y mejoré. Un día, estaba durmiendo cuando me despertó un ruido, eran unos trabajadores cavando el jardín.

Finalmente, alguien para limpiar.

– ¡Yo los ayudaré! – exclamé, animándome.

Pero cuando comencé a ayudar, los desagradecidos se escaparon, incluso dejaron caer sus herramientas.

¡Montón de holgazanes!

Esto sucedió dos veces más, parecía que no querían mi ayuda.

– "Ya lo sé – concluí – deben pensar que yo también maté a la niña, Fátima, pero solo asesiné a Leda, que se lo merecía. Todo el mundo sabía que ella no era buena."

Traté de hablar con ellos, con los trabajadores, para explicarles que no quería hacerles daño; pero fue peor. Me enojé, debe haber sido como un animal o un monstruo para que me tuvieran tanto miedo. No me creyeron, lo hicieron, y hasta el día de hoy todos piensan que maté a la niña. Pero yo no haría eso, no lo hice, la hija de Leda era tan hermosa.

Cuando los trabajadores huyeron, hice un juramento:

– ¡Ingratos! ¡Son unos desagradecidos! ¡Ya no les ayudo! No es lo mismo.

Y mantengo mi palabra. Pero yo no era perezoso, siempre trabajé, desde pequeño, y me gustaba, quería hacer algo y no podía. Y el jardín era solo un arbusto. Por más que intenté, no pude llorar ni hacer ningún trabajo. Tantas veces traté de barrer la casa, limpiarla y todavía estaba sucia. Debió ser la maldición del señor Irineo, el dueño de la casa, que me mandó quedarme allí, y se fue y nunca más volvió.

No vi a nadie por un tiempo, nadie vino aquí, aprendí a disfrutar de la soledad, pero pensé mucho. Como cambiaban los acontecimientos, siempre encontraba un final feliz para mí, el señor Irineo murió, Leda dijo que me amaba, se quedó conmigo y quedamos contentos. Pero la realidad siempre me despertaba de una manera cruel, todo eso pasaba y yo estaba ahí, solo e infeliz. No me gustaba recordar, pero lo hacía como un castigo, un castigo terrible e interminable.

Y los años fueron pasando, no sabría determinar cuántos. Decidí estar pendiente del lugar y estar siempre al pendiente, incluso los muchachos que venían a husmear o en busca de fruta de la huerta los ahuyentaba, y fue una carrera. Como me reía y disfrutaba, quería que vinieran más a menudo, pero tenían miedo, tenían miedo del asesino. Me irritó, no había matado a la niña, solo a Leda, mi gran amor.

Estaba muy solo, los días eran interminables. Cuando no se hace nada, el tiempo tarda mucho en pasar. Mientras seguí recordando, pensando, sufrí, sufro... Pero me acostumbré y no quería compartir la casa con nadie.

Recuerdo bien el día en que dos hombres llegaron en automóvil, entraron al jardín y comentaron:

– ¡Esta inquietante historia es una invención! Con el aspecto de esta casa cualquiera se asusta.

– Esta propiedad la heredé de mi tío, la voy a arreglar para alquilarla. Mañana vendrán los hombres que he contratado, limpiarán el jardín, la huerta y, lo mejor de todo, taparán el hoyo.

– ¡Eso es bueno, el acantilado de la derecha es peligroso! – Comentó el primero que habló.

– Modificar el lugar donde ocurrió el crimen de la niña cambiará la apariencia y la charla se detendrá. Compré camiones de tierra para aplanarlo – dijo el que la había heredado, el nuevo dueño –. Será caro.

– Es una pena ver esto abandonado.

Estaba escuchando, curioso. Pensé que era interesante aplanar ese lugar peligroso, lleno de rocas, y solo había un sendero para llegar a la casa del acantilado. Ese lugar me puso la piel de gallina, casi no iba, no me gustaba, pero a veces era urgido a ir, desde arriba miré el agujero, y hubo muchas veces que lloré, todavía me parecía ver a Fátima acostada en su pijama rosa, tendida allí, muerta. Ese lugar me pareció horrible y aprobé la idea de aplanarlo. Sin el agujero, ya no vería esa escena macabra. Decidí solo mirar y no hacer nada.

Pero ahí fue cuando me di cuenta que la gente no me veía, me pasaban ignorándome, me acerqué a algunos y nada, en realidad no me veían y yo era el embrujo del que tanto se hablaba. Por alguna razón no sabía que era invisible y, dependiendo de la persona que estaba allí en la propiedad, podía hacer ruido, asustar.

Estaba muy triste, tal vez había muerto y ni siquiera me di cuenta. Realmente nunca supe que pasaba cuando una persona moría, yo no creía en el infierno y pensaba que la idea de no tener que hacer nada en el cielo era muy tonta, pero nunca pensé en morirme y quedarme como estaba, haciendo nada y no estar en el cielo, ser homicida y no ir al infierno. De todos modos, estaba siendo castigado, estaba atrapado allí en la escena del crimen y muy infeliz.

Vinieron los trabajadores, eran muchos, empezaron a descargar camiones de tierra, quitaron la maleza, quitaron la hiedra, el follaje de las paredes de la casa; pintaron, repararon, y yo estaba quieto, solo mirando.

Encontrando muy molesto todo ese movimiento, decidí irme, pero no podía salir de la propiedad. Aunque nada me detenía, me sentía atrapado, no podía ir más allá del jardín; con esfuerzo, di algunos pasos por el caminito, pero fue arrastrado de vuelta a la casa.

Cada vez que lo intentaba, escuchaba la voz enfadada del señor Irineo:

– ¡Quédate aquí para siempre!

¡Ese día lo intenté, como lo intenté! Tenía muchas ganas de ir, aunque no sabía adónde.

Lo intenté con tanta fuerza que me caí y me arrastré por el suelo.

– ¡Quédate! ¡Quédate!

Tuve que volver, molesto, lloré, pero no sirvió de nada. Tuve que quedarme. Un día escuché la conversación de dos trabajadores que estaban pintando la casa.

– Aquí ocurrió un crimen bárbaro, un empleado mató a la pareja, los dueños de la propiedad, y luego se suicidó.

– ¡Es mentira! ¡Es mentira! – Grité enojado.

– ¿Escuchaste? Parece que alguien dijo que es mentira – dijo uno de ellos.

– Escuché, debe ser alguien por ahí. Dejemos de hablar sobre ese asunto. Atrae a los espíritus. ¡Vamos a trabajar! – Dijo el otro.

– ¡Eso es aun mejor! Trabajen, montón de mentirosos – refunfuñé.

Pensé en asustar a todos y poner en fuga a esos hombres insensibles, pero decidí no hacerlo, quería que el lado derecho del acantilado estuviera con tierra. Esa pendiente me aterrorizaba. Se terminó la obra, quedó hermoso, los baños eran modernos, se pintó todo, terminó el peligro, se plantaron árboles en el vertedero, quedé satisfecho, volví a estar solo, todos se fueron.

La casa estaba más iluminada por la pintura, más ventilada.

Seguí pensando y llegué a la conclusión que realmente morí y que estaba allí como un castigo, que era bien merecido, aunque pensé que también era culpa de los demás involucrados. La única inocente era Fátima.

Camino, observo todo, incluso conocía dónde estaban las telas de araña. Una vida de ociosidad, pero castigo era castigo y éste parecía interminable, para siempre, como decía aquel bastardo.

Una familia vino a ver la casa.

– Si esta casa estaba encantada, ya no lo está – el dueño dijo que el chisme era porque estaba abandonada –. En la renovación muchos hombres trabajaron aquí y no vieron nada – dijo el hombre.

– Espero que no sea realmente, no me gustan esas cosas. Para mí, el que murió, debe estar muy muerto – dijo la mujer.

– El alquiler es bueno, la casa es grande y hermosa – comentó –. Demasiado grande, tengo que conseguir una criada – murmuró.

Los examiné, el hombre era gordo, la mujer pequeña y delgada, lo encontré gracioso y me reí. Pareja sí, formaban el diez.

Ella se volvió hacia él y le dijo enfadada:

– ¡No te rías!

– ¡No me estoy riendo!

Se mudaron. La pareja tenía dos hijos pequeños. No me gustaban, el hombre era engreído, orgulloso, pensando que podía resolverlo todo. Y lo más interesante es que cuando me acercaba a él, recibía fuerza y hacía que los objetos se movieran, hicieran ruido, y yo me divertía asustándolos.

Aguanté a los hombres trabajando. En la noche paraban y se iban, pero esos vivían aquí, no es eso, en esta casa yo era el único que vivía y no quería compañía. Así que hice un plan para sacarlos de aquí y comencé a atormentarlos. Prefería la noche, que da más miedo, para hacer ruido. Simplemente no me metí con los niños, no soy cobarde, eran pequeños. Entonces tuve miedo que, asustada, hicieran como la otra, Fátima. Pero todo lo que pasó en esa casa, la mujer aburrida me culpó. Si el niño lloraba, si tenía dolor, era yo. Un día logré tirar de su cabello; me reí mucho, encontrándolo bien merecido.

Era el final de la tarde, estaban sentados en la sala de estar. Ella comentó:

– No me gusta esta casa y quiero mudarme. El alquiler es barato, muchas limosnas, el santo desconfía. Por ese mísero alquiler, solo podía haber algo en el camino. La casa está realmente embrujada. No hay explicación para los ruidos, la caída de objetos y las risas que son un horror. Debe ser el espíritu del asesino.

– Yo tampoco me siento bien, en esta casa me canso mucho y estoy triste. Yo, que siempre fui feliz. Me he estado preguntando si no es mediumnidad lo que dicen que tengo. No quiero meterme con eso, no sé por qué no se le da esta facultad a quien quiera. Dicen que soy sensible, que puedo ayudar a otras personas, pero no quiero – dijo el esposo.

– Si eres sensible, o si tu mediumnidad es fuerte, ¿por qué no dominas a ese espíritu? ¡Ese asesino debe ser un demonio! – Expresó ella.

– ¡Soy más sensible pero no sé cómo hacer eso! No aprendí y no quiero aprender. Que este asesino deje de llenarse y se vaya al infierno, donde le corresponde estar – dijo con autoridad.

¡Qué desgracia! Decidí darle una lección a ese gordo insolente. Miré, enfoqué el reloj que estaba encima de un mueble y siguió moviéndose, hasta que se cayó. Me reí, di mis risas deliciosas. Ambos se sobresaltaron y mi risa resonó por toda la casa. El niño pequeño pidió:

– Hazlo más, papi, lo estoy disfrutando.

– No me quedaré aquí ni un minuto más. Ya no duermo en esta casa. ¡Maldito mil veces ese inquietante! – Dijo la mujer. Se llevó a los niños y el gordo fue tras ella. Subieron al auto y se alejaron aterrorizados.

Lo encontré divertido y me reí hasta que me cansé. Pero sin el gordo mi risa no fue escuchada por los que tenían cuerpos de carne. Quedé satisfecho, mi plan funcionó, expulsé a los intrusos.

Después de dos días, el camión de mudanzas vino a recoger sus pertenencias. Me quedé callado en un rincón, después de todo la pareja hizo lo que yo quería, se fueron, y no quise molestar a la gente que hacía la mudanza. Uno de los porteros comentó:

– Nunca he visto un cambio como este. Parece que se escaparon, incluso dejaron comida en la mesa.

– Se dice que fueron asustados por un fantasma, la dejaron en la tarde, fueron a un hotel con la ropa puesta. Aquí en la ciudad nadie quería tomar el trabajo, así que nos contrataron de lejos. Espero que el señor fantasma; es decir, si realmente existe, nos permita hacer la mudanza en paz. ¡Después de todo, estamos trabajando!

Eso era más fácil, me gustaba el respeto y miraba. Y me deshice de la pareja – y eso era lo que importaba.

Nuevamente la casa quedó abandonada, el arbusto creció y estuve solo por años.

Un día, un hombre tocó la puerta. Fui a ver y me encontré con un hombre que miró a su alrededor y dijo en voz alta:

– Señor... No sé cómo llamarlo, fantasma, fantasma...

Perdón por venir así. Me explico: mi nombre es Olegário, tengo una familia, una esposa y tres hijos, estoy desempleado y estamos en necesidad El único trabajo que conseguí fue en bienes raíces para tallar y arreglar esta casa.

Así que pido permiso para hacer mi trabajo sin ser perseguido, porque tengo miedo. Si no lo necesitara tanto, no vendría, pero tenga piedad de mí, déjeme trabajar en paz.

El hombre, Olegario, habló con sinceridad. Escuché, pensé y, como me lo pidió, decidí dejarlo en paz y lo hice por dos razones: porque sentí pena por él y quería que se limpiara la tierra. Entonces Olegário se puso a trabajar, limpió todo, incluso plantó algunas flores y luego comenzó a venir dos veces por semana y hasta limpió la casa.

Como me arrepentía de no ver el mar, estaba tan cerca... Solo podía verlo desde arriba del árbol, que el pequeño Henrique había descubierto. Cuando lo extrañé mucho, me subí al árbol y lo vi de lejos. Tal vez desde lo alto de la casa yo también podía verlo, pero nunca subí.

¡Mar, cómo amaba el mar! Desde pequeño me gustaba sentarme en la arena y contemplarla, observaba las olas desde su formación hasta que rompían en la arena. Entonces, cada vez que estaba triste, me acercaba, me bañaba en sus aguas saladas y me calmaba. Pero ahora que estaba muerto, ¿podré bañarme? Creo que no. Pero solo mirarlo sería suficiente para mí. ¡Cómo me divertía con mis amigos en la playa, jugando a la pelota, nadando!

Amigos, los extrañaba; cuando era pequeño, los chicos me molestaban, solo tenía que tener un desacuerdo con ellos y escuchaba:

> – ¡Tu madre te abandonó! ¡Tu padre es un borracho!

Me dolía. ¡Oh, si pudiera salir de aquí! Ahora que sé que puedo asustar a la gente, los asustaría. ¿Cómo estará Tampita? ¿Y Sonrisal? Me gustaba poner apodos.

Eran buenos chicos, me gustaban. Ahora que lo pienso, yo también los ofendí. No debo considerar un juego de niños.

Crecimos juntos y seguimos siendo amigos. Sonrisal incluso me aconsejó que dejara mi trabajo, que no estuviera más cerca de ella, no le hice caso. ¿Piensan en mí? Ciertamente no hablan de mí, no es interesante decir que eran amigos del asesino de la casa del acantilado.

De nuevo vinieron a molestarme, a destruir mi paz. Otra familia se mudó a mi casa: una señora viuda y cinco hijos. ¡Qué gente tan rara, no me caían bien! Hablaban y comían demasiado, refunfuñaban y peleaban, pero no había nadie que me diera esa fuerza para hacerme mover objetos o escucharme. Pero me di cuenta que podía hacerles daño de otra manera: si permanecía cerca de uno de ellos, la persona se quejaría. ¡Increíble, ella sentía lo que yo estaba sintiendo! Podría poner nervioso a cualquiera, y lo hice para que se movieran.

– ¡Qué dolor en el pecho! Desde que nos mudamos aquí he estado teniendo este dolor. No hay fantasma aquí, si lo hubo, debe haberse ido.

– ¡Asustado de nosotros! – Dijo uno de los chicos. No me gusta estar aquí, he estado teniendo sueños extraños, que alguien me dispara en el pecho y siento dolor – se quejó la niña. Todavía sales, yo me quedo más en casa y siento mucha tristeza.

– Tampoco creo que haya sido bueno que nos mudáramos aquí. ¿Qué tal si apuramos la renovación de nuestra casa? Quiero volver allá, extraño a mis amigos y vecinos, que no quieren venir aquí a visitarme, por miedo al alma en pena – dijo la señora.

Intensifiqué mi persecución y los intrusos se movieron, me sentí aliviado y ellos también.

Estaba solo otra vez, solo Olegário venía dos veces por semana. Estuvo bien, todo limpio y la casa en orden.

¡Ahora esta familia ha venido a molestarme! Primero vino el hombre, Roberto, miró todo y a los pocos días volvió con la mudanza. Pronto me di cuenta que el chico, Henrique, tiene esa fuerza que necesito y planeo expulsarlos. Pero ahora sentí pena por la *Calvita*, tan joven y tan sufrida. Tampoco estaba enojada con su novio que no la quería por la enfermedad. Ayudó a otros, quería morir en el lugar de esa madre para que no dejara niños pequeños. Había pasado un tiempo desde que había visto a alguien tan bueno, o nunca había visto uno. Buena... ¿Era buena mi madre? Quería pensar que sí, pero ciertamente no fue así. Ella me abandonó, no me quería, al menos eso decía papá:

– ¡Tu madre es una ramera, nos abandonó, se fue con otro, esa zorra!

Nunca más supo de ella. De niño soñaba con su regreso, volvería rica, en carro, me llevaría con ella... Pero aun pobre, quería que me abrazaran, llamándome su hijo. Pero ella nunca volvió...

Vivíamos con mi abuela, la madre de mi padre. Éste bebía mucho, trabajaba poco, la vida era dura. La abuela solo se quejaba. Mi padre murió en un accidente, se cayó a las vías del tren; unos dicen que se suicidó, otros que se cayó porque estaba borracho.

Estaba solo con la abuela, que me sacó de la escuela y me puso a trabajar. Yo era joven cuando ella murió, estaba solo en el mundo, trabajé en muchos lugares, hasta que llegué a ser cuidador aquí y me quedé para siempre.

Estoy cansado de pensar, no he hecho nada más en esta vida, sino recordar.

Osvaldo se levantó y fue a la cocina. Miró a la joven, a la sirvienta preparando el almuerzo. Era inteligente y trabajadora.

– "¡Voy a asustarla!"– Pensó

Luchó por quitar las tapas de las ollas sobre el fregadero. Cualquier cosa. Fue hacia Henrique, que estaba jugando con los cachorros, volvió rápido y listo, quitó las tapas. Nena miró de un lado a otro. Osvaldo se rio, divertido. Ella tomó las tapas y, sin que él esperara, habló con autoridad:

– *¡Va de retro, Satanás!* ¡Por Dios, no me tientes! Creo en Dios Padre...

Hizo la señal de la cruz y rezó el Credo, una oración católica.

– "¡Yo, eh! ¡Dios, Cruz! ¡Qué mujer! No tienes que espantarme así... – Osvaldo salió de la cocina murmurando –. No debo meterme con una sirvienta. Si ella se va, ellos conseguirán otra y la familia se quedará. Me fui. Necesito pensar en un buen plan, pondré a esta familia en fuga. Solo tengo que ser paciente y organizarme adecuadamente. Si logro aterrorizar a uno de ellos, unidos como están, se moverán."

Había ruido de autos, Roberto venía a almorzar y con él estaba Fabiana, que regresaba de la escuela. Angélica y Henrique llegaron corriendo. Todos se sentaron a la mesa.

Osvaldo comenzó a espiarlos desde un rincón de la habitación.

– Estoy muy feliz de tenerte con nosotros, Angélica. Aquí te recuperarás mejor. ¿Te gustó el lugar? – Preguntó el padre.

– Sí, creo que sí, es hermoso. Pero ¿no está aislado?

– Está cerca de la ciudad, los buses pasan cada media hora por la carretera. Pronto harás amigos y podrás invitarlos a venir aquí – respondió Roberto.

– Lo estoy encontrando muy bien, trabajo tranquilamente, tengo espacio – se expresó Dinéia.

– Bueno, no sé, la casa me parece rara – dijo Henrique.

– No vengas otra vez con la historia de ruidos y risas – dijo Fabiana –. Es genial para mí aquí, me está haciendo bien. Sabes, Angélica, ya no he tenido esos sueños o pesadillas. Y desde que nos mudamos dejé la terapia, las sesiones con la psicóloga. Tú sabes cómo sufría con esos sueños, me aterraba dormir y tenerlos.

Y se han repetido desde que era pequeña. ¿Sabes qué es más raro? La casa con la que sueño se parece a esta. ¡Verdad! Con algunas modificaciones, podría decir que este es el lugar.

     – ¿Modificaciones? ¿Cómo? – preguntó Angélica.

     – No estoy segura, mis sueños son confusos, me dan miedo, terror, no me gustan.

Sueño con una casa grande, a veces bajo escaleras como aquí, pero con alfombras rojas. Veo una puerta entreabierta, no sé lo que veo dentro, pero es algo que me aterroriza y salgo corriendo. Alguien malvado corre detrás de mí, voy por un camino estrecho y peligroso, al borde de un precipicio. Miro hacia atrás y veo a una persona que sé que es mala casi me atrapa, trato de correr más, me duele el pie, caigo en el hoyo y me despierto angustiada. A veces me despierto con mi propio grito, a veces cubierta de sudor. En otros sueños llamo a mi madre, excepto que mi madre es otra persona, ella no puede venir; estoy sola con el malvado, tengo que salir corriendo, corro y estoy otra vez al borde del precipicio, el agujero que tanto miedo me da, y caigo. Excepto que la casa tiene hiedra en la pared y el agujero tiene muchas rocas, y yo soy una muchacha rubia. Mientras corro, siento el movimiento de mi pelo rizado. Que Dios me dé la gracia de no soñar más con esto, de no tener esas pesadillas.

– Escuchamos muchas explicaciones: que Fabiana vio estas escenas en una película, que escuchó una historia que la impresionó. El caso es que a menudo se despertaba gritando y llorando – dijo la madre.

– Virgilio me dijo que podría ser un recuerdo de otra vida. Es espírita y cree en la reencarnación – comentó Roberto.

Osvaldo se acurrucó en un rincón y balbuceó:

– "¡Recuerdos de otra vida! ¡Puede ser! ¡Solo puede ser! Si morimos, pero seguimos vivos, es muy probable que nuestro espíritu vuelva a nacer en otro cuerpo. Por eso me impresionó esta Fabiana, siento que la conozco, aunque físicamente es diferente a Fátima, ¿se parece a ella o podría ser ella? Si no, ¿cómo se explica este sueño con algo que sucedió mucho antes que ella naciera? ¡Dios mío! ¡Qué cosa! Mejor no meterse con esta chica tampoco, no la perseguiré. ¿Y si ella fuese Fátima? ¡Mejor me alejo de esta chica!"

Ese día, Osvaldo no tuvo valor para hacer otra cosa. Le resultaba más fácil asustar a las mujeres.

Éstas, para él, eran más escandalosas, pero con los de esta familia parecía más complicado. Sintió pena por la *Calvita*, la sirvienta era respondona, la señora de la casa estaba demasiado distraída, tenía una explicación para todo: si lograba, después de mucho esfuerzo, encender una luz, ni siquiera se daba cuenta e incluso pensó que era ella; si se apagaba, la lámpara estaba defectuosa; si hacía ruido, explicaba; cuando notaba o escuchaba el movimiento de la madera o los animales corriendo, las risas, era alguien de la familia o animales fuera de la casa, en el bosque.

Con Fabiana era imposible; ahora, cuando la miraba, parecía ver a Fátima y eso lo incomodaba. Quedaban el dueño de la casa y el niño. Se quedó quieto durante tres días, planeando, y llegó a la conclusión que tendría que atormentar, asustar a los dos hombres de la familia si quería librarse de ella. Pensando que tenía "demasiado margen", decidió actuar y se acercó a ellos, que estaban almorzando.

Roberto le preguntó a Angélica:

– Hija, ¿me harías un favor? Tengo que llevar unos papeles a la inmobiliaria y no tengo tiempo. Ven conmigo a la ciudad y aprovecha para conocerla, luego regresas en autobús, que tiene parada en la carretera frente a nuestro camino a la casa.

Angélica entendió que su padre quería que saliera, que diera un paseo y decidió ir. Se preparó.

– "¡Es mejor con peluca, pobre la *Calvita*!" – Comentó Osvaldo.

– No sé por qué papá, parece que alguien se apiada de mí y me llama *Calvita* – comentó Angélica.

– ¿Quién haría eso? Hija, no te dejes impresionar. No eres calva, estás temporalmente sin pelo. Pronto crecerán hermosos como siempre lo fueron.

Angélica subió al auto con su padre, notó que había un camino que cruzaba el cerro cercano a la casa, un camino de ripio de unos doscientos metros de largo. Este camino había sido rellenado porque había pendientes a ambos lados.

– "Antes – pensó la joven – debió ser una roca extendida como un solo punto apuntando al cielo. Es increíble cómo a alguien se le ocurrió la idea de construir una casa aquí."

Miró hacia atrás, observó la casa, parecía un cuadro.

– "Si no fuera por tantos árboles a la derecha, esta casa parecería construida sobre un pico de piedra, ¡y no es casualidad que se llame la casa del acantilado!"

Entrando en el camino, ya no pudo ver la casa, su padre se dirigía a la ciudad. El camino era una calle lateral, lleno de curvas, con muchos árboles y piedras, solo en algunos lugares se podía ver el mar, hermoso y majestuoso.

A Angélica le gustó la ciudad, era pequeña, con muchas tiendas, arbolada y con gente bronceada.

– Durante la temporada se llena – dijo el padre –. Te dejaré aquí. Ve a la oficina de bienes raíces y soluciona esto por mí. Busca a Fabio.

La joven bajó las escaleras, caminó por las calles mirando los escaparates y se dirigió directamente a la oficina de bienes raíces.

– ¡Por favor, el señor Fabio!

Y entonces llegó un joven que la miró con interés.

Angélica no pudo evitar mirarlo, era moreno, de ojos verdosos, pelo muy corto y una sonrisa franca y cautivadora. Durante minutos se ocuparon de documentos.

– ¿Estás disfrutando de la casa? – Preguntó.

– Sí, lo estamos. Es cómoda y el lugar es muy bonito – respondió Angélica.

– Eso es bueno – dijo Fabio, sonriendo.

– ¿Por qué? – Ella preguntó.

– En absoluto. Hace calor, ¿quieres un helado?

La chica no sabía que decir, no lo conocía, pero no conocía a nadie allí.

Pensando que no había nada malo en ello, respondió:

– ¡Acepto!

Salieron de la inmobiliaria, caminaron unos metros y entraron en la heladería. Pronto vinieron a servirles.

– ¡Muy bien! Aquí estás bien atendido – dijo ella.

– ¡Por supuesto, soy el dueño! – exclamó sonriendo.

Hablaron mientras disfrutaban lentamente del helado y pronto supieron lo que importaba: estaban solteros, no tenían compromisos.

– ¿Cómo vas a llegar a casa? – Preguntó Fabio.

– En autobús – respondió Angélica.

– ¿Me permites llevarte? Tengo que ir a la playa al otro lado de la colina.

Angélica aceptó, y cuando llegaron, Henrique fue a saludarlo y hablaron del lugar, de las bellezas de la región.

– ¿Conoces la cueva en la colina?

– ¡No! Bueno, ¡tienes que ir allí! Organicemos un recorrido, te llevaré a la gruta – dijo Fabio, entusiasmado.

– "Xi, éste está interesado en la *Calvita*. Pero si tiene malas intenciones, que no se acerque a ella. ¡Decidí defenderla! – Osvaldo observó bien a Fabio –. El tipo parece una buena persona. Bueno, no se haga el gracioso."

El joven salió y entraron los hermanos. Osvaldo pensó, satisfecho, que su plan estaba funcionando. Que la presencia del muchacho, Henrique, con la fuerza que le quitaba, podía hacer ruido y mover objetos. Y pasaban los días y Osvaldo lograba perseguirlos a los dos, a Roberto y a Henrique, asustó al bueno e hizo temblar a su padre, divirtiéndose por ello. Henrique comenzó a impresionarse.

– Papá, es hermoso aquí, me gusta la escuela, he hecho amigos, pero no me gusta la casa. ¿No podríamos mudar? – Se quejó el chico.

– Hijo, te impresionan los rumores que esta casa está embrujada. A todos les gusta aquí, el alquiler es bueno, incluso puedes tener perros, somos acomodados.

Entonces, si nos movemos, el alquiler es más alto.

– Papá, no es una impresión, no me siento bien aquí, tengo una sensación de soledad que duele.

Entonces escucho risas y estoy aterrorizado. Si no quieres mudarte, déjame ir a la casa de la abuela. ¿No me crees? He escuchado cosas raras...

– Yo creo en ti, sé que no mientes. Tengamos un poco más de paciencia, esto debe tener una explicación.

Roberto no quiso decirle a su hijo que él también estaba impresionado con esa casa, que escuchaba las risas que lo aterrorizaban. Estaba tratando de encontrar una explicación para los ruidos que escuchaba. Ya pensaba que alquilar esa casa no había sido un buen negocio.

Unos días después, Henrique fue a abrir la ventana de la sala. Ella era dura, dura. Cuando tiró con fuerza, Osvaldo empujó y la ventana se abrió, golpeando los labios del joven, cortándolos. En el cristal de la ventana, Henrique vio por un segundo el rostro de Osvaldo. Estaba tan aterrorizado que ni siquiera podía hablar, solo se quedó allí. Entonces trató de ver moviendo la ventana, si la imagen que había visto era el reflejo de algún cuadro, pero nada, no había explicación.

Todavía temblando, fue tras Nena para vendarla.

– ¡Henrique, debes tener cuidado! Te dolió, podrías haberte roto los dientes.

– Nena, ¿alguna vez has tenido la sensación de ver a una persona donde no hay nadie?

– Nunca lo he sentido, pero aquí ya. A veces siento que alguien me está espiando. Es un mal presentimiento.

Henrique estuvo pensativo durante horas.

Fabio quería ver a Angélica, estaba interesado, atraído por ella. Tomó una copia de un documento ya entregado y fue allí a tomarlo. Habló con los jóvenes y los invitó a llevarlos a la gruta el domingo.

Henrique aceptó felizmente.

El domingo por la tarde fueron a dar un paseo. El lugar era muy hermoso, desde una roca más alta se podía ver el mar lamiendo contra las rocas.

– ¡Qué bonito es aquí! – Exclamó Fabiana.

Ella y Henrique pasaron al otro lado y Fabio se sentó junto a Angélica. Se arregló el pañuelo en la cabeza. Como estaba cayendo, lo sacó; le estaba saliendo el pelo, era muy corto.

– Angélica, ¡eres muy hermosa! – Dijo Fabio, sinceramente.

– ¿ Incluso con el pelo corto así?

– Sí – Él sonrió y tomó su mano.

– Fabio, mi cabello está así por el tratamiento de quimioterapia, me estoy curando del cáncer – dijo la joven, apartando la mano de él.

Ella lo miró, quien parecía indiferente, como si no hubiera oído. Luego llegaron los dos hermanos y el paseo fue agradable.

En casa, Fabiana comentó:

– Fabio está interesado en ti. ¿Saldrás con él?

– ¡No quiero novio! – exclamó Angélica.

– Solo porque César actuó de esa manera, ¿crees que otros harán lo mismo? – habló Fabiana.

– Ya no pienso en César, ni creo que haya actuado mal, es demasiado joven para estar saliendo con alguien enfermo. No volveré a tener citas hasta que esté seguro que estoy curada.

– ¡Pero lo estás! – dijo Fabiana.

– ¡Ay, ay, no puedo más! – gritó Henrique.

El hermano subió corriendo las escaleras. Las dos hermanas, que estaban en la habitación de Angélica, fueron a su encuentro.

– ¿Qué pasó, Henrique? – Preguntaron las dos a la vez.

– Estaba en silencio en la habitación cuando recibí una fuerte palmada en la espalda.

– ¿Quién te golpeó? – Preguntó Angélica.

– ¡No lo sé! Acaban de golpearme...

Se levantó la camisa y los dos quedaron atónitas, había en su espalda había una marca rojiza de una mano grande.

– ¡Henrique, detente! – exclamó Fabiana –. ¡No te lo inventes! Quieres mudarte y estás usando rumores para hacerlo.

– ¿Qué rumores? – preguntó Angélica.

– Que esta casa está embrujada – respondió Fabiana.

– Pero ¿por qué quieres mudarte, Henrique? – Preguntó la hermana mayor.

– Me gusta aquí. No quería que nos mudáramos de la ciudad, me gusta, la escuela, los amigos, es verdad. Angélica, créeme, me ha atormentado algo que no sé qué es. ¡Tengo miedo!

Roberto y Dinéia, que estaban en su habitación, vinieron a ver qué pasaba.

– ¡Papá, yo no duermo en mi habitación! – Dijo el chico decidido y aterrorizado.

– Pondré un colchón en nuestra habitación, dormirás con nosotros. Y el padre fue a la habitación de su hijo, tomó el colchón y lo colocó junto a la cama de la pareja.

– Ahí, hijo, dormirás aquí hasta que ya no tengas miedo.

A los tres les pareció extraña la actitud de Roberto, él que siempre les había enseñado a no tener miedo, a no alimentar ese sentimiento y enfrentarlo para vencer, ahora no dijo nada, coincidió con su hijo. Pero no comentaron.

– "¡Pronto estarán cambiando!" – Alardeó Osvaldo y se rio.

Henrique se acomodó y comenzó a pensar:

– "Dios mío, ¿estoy loco? Debo estar enfermo. Debe ser grave. ¿Me puedo imaginar todo esto?"

Cuando vio que sus padres roncaban, lloró. Su llanto se sintió, las lágrimas corrían por su rostro.

– "Prefiero pensar que este fantasma realmente existe y que él, por alguna razón, está haciendo que los objetos se muevan y que escucho su risa macabra. Y si es un fantasma, ¿por qué a mí? ¿Por qué se metió conmigo? No tengo nada qué hacer con él.

No puedo seguir así. Soy lo suficientemente mayor para estar asustado hasta el punto de no dormir solo. ¡Yo, el hombre de la casa! Las niñas están allí durmiendo en su propia habitación y yo estoy aquí con mis padres. Me da vergüenza, pero mi miedo es mayor. En mi habitación la luz se enciende y se apaga, las puertas de los armarios se cierran y se abren. Ya puedo sentir el tirón de mi sábana. Ya no duermo solo.

Quería mudarme de esta casa, salir de aquí. Pero, ¿y si cambiamos y no funciona? ¡Si estoy enfermo, el problema es mío! Él irá a donde yo vaya. Necesito pensar. Además, todos están acomodados, disfrutando, no es justo que se muden por mi culpa, porque yo quiero. Fabiana ya piensa que yo invento todo esto. Me alegro que papá crea en mí. Luego está el alquiler, no tienen dinero para pagarlo. Estoy siendo un problema para todos. ¡Tengo que encontrar una solución!"

Terminó por quedarse dormido. Se despertó temprano para ir a la escuela y en el descanso fue a la biblioteca e investigó sobre enfermedades mentales; identificó similitudes con la esquizofrenia[2] en su caso.

– "¡Esto es grave! ¿Tengo esta enfermedad? No quiero tenerla. ¿Me imagino todo, los objetos no se mueven de la nada, la luz no se enciende ni se apaga y creo que lo veo? Qué extraña enfermedad y cómo hace sufrir al paciente!"

---

[2] Esquizofrenia: término que engloba diversas formas clínicas de psicopatía y trastornos mentales. Su característica fundamental es la disociación de las funciones psíquicas, resultando en fragmentación de la personalidad y pérdida de contacto con la realidad.

Quería llorar, pero se esforzó por parecer natural y volvió a clase.

Pensó mucho y decidió evitar hablar, pensar en enfermedades e incluso pensar que había un fantasma y quejarse lo menos posible, no quería ser hospitalizado como un loco.

Henrique ya se alejaba de la gente, sus amigos se reunían, hablaban y él prefería escuchar, solo daba algunas conjeturas.

Tampoco podía prestar atención en clase. Estaba tenso y nervioso.

El otro día, Roberto habló temprano con Olegário, quien seguía viniendo dos veces por semana para cuidar el jardín.

– Señor Olegário, ¿hace mucho tiempo que trabaja en esta casa?

– Sí señor, trabajo desde hace años.

– ¿Nunca escuchó o vio algo extraño? – preguntó Roberto.

– ¿Quieres decir inquietante? No señor, nunca he visto ni oído nada extraño – respondió el jardinero.

– ¿Sabes lo que pasó aquí? Allí en el banco, el personal ya me ha advertido que esta casa está embrujada y que hace mucho tiempo que nadie vive aquí.

– Si está embrujada, no lo sé – respondió Olegário – pero desde que sucedió el crimen, eso es hace mucho, nadie vive aquí desde hace mucho tiempo.

– ¿El crimen? ¿Qué sabe usted al respecto? – preguntó Roberto.

– No estoy seguro de lo que pasó, pero sé quién sabe.

Rita, que era ama de llaves en el momento del crimen. Ella era una niña cuando pasó todo, ahora es una señora, vive del otro lado. Si quieres te puedo dar la dirección.

Roberto anotó el nombre de la sirvienta, donde vivía y decidió ir allí, quería saber qué había pasado en la casa.

Henrique, por la tarde, habló con Nena.

– ¿Me crees? Veo el fantasma. Bueno, no sé qué es realmente.

– Chico, no sé si creo en las almas en pena – dijo la criada.

– Sería gracioso que el fantasma tuviera pena de las gallinas – dijo el niño, riendo.

A Osvaldo no le hizo gracia. "¡La que siente pena es tu abuela!"

– ¡La que siente pena es la abuela!

Henrique habló, se detuvo y miró a Nena, quien también dejó lo que estaba haciendo y lo miró asustada.

– ¿Por qué dijiste eso, Henrique?

– No lo sé, lo dije sin darme cuenta. ¡Qué raro!

– "¡Ja, ja, ja! El niño repite lo que digo. ¡Maravilloso! Ahora estoy en el camino correcto, este niño hará que la familia se mude, ¡oh, si se irán!"

Henrique fue a jugar con los perros y Nena siguió con su trabajo, pensativa.

– "Este chico no es normal. Me pregunto qué tiene. ¡Es raro!"

El muchachito estaba triste, tomó a los cachorros, los acarició y luego los puso en el corral.

Uno de ellos corrió hacia un lado, luego Henrique escuchó un ruido y algo extraño.

Quería correr, pero decidió investigar.

– "Necesito tener coraje, detener esto, tener tanto miedo, y ver por qué el ruido."

Entonces notó que uno de los perros estaba llorando, una tabla había caído encima de él. El niño respiró aliviado, quitó la tabla y le dio unas palmaditas al cachorro.

– "Cuando tenemos miedo, los gatos se vuelven jaguares."

Pasó el tiempo arreglando la perrera, jugando con los perros, se distrajo, más aliviado, pensó:

– "Creo que debo enfrentar el miedo y verificar el origen de los ruidos que escucho, tal vez encontrar una explicación para todo eso. Bueno, al menos no todo es inexplicable."

Roberto estaba inquieto, en casa parecía que siempre veía figuras, le parecía oír risas, como también había visto moverse objetos. Esa casa debe tener algo y decidió buscar a doña Rita, a quien Olegário le había recomendado para averiguar lo que realmente sucedió allí.

Fue por la tarde, encontró la casa tranquilamente y fue recibido por una señora que lo miró fijamente. Por un momento no supo qué decir, tosió y finalmente habló:

– Señora, lo siento si la molesto, es solo que vivo en la casa del acantilado y estoy teniendo algunas dificultades allí. Sé que la casa tiene una historia y que tal vez me pueda ayudar contándomela.

Doña Rita volvió a mirarlo, se quedó callada unos segundos y luego dijo:

– ¿Quién no tiene una historia? No sé si puedo ayudarte, pero puedo decirte lo que sé. Era joven y trabajaba para la pareja, el Sr. Irineo y la Sra. Leda, vivían en esa casa.

Allí también trabajaba Osvaldo, que era cuidador y jardinero. En cuanto al crimen, nadie sabe qué sucedió realmente en esos dos trágicos días, lo siento, pero ni siquiera sé, solo puedo decir lo que escuché.

Trabajé el sábado por la mañana y cuando volví el lunes los encontré muertos.

Fátima, la niña de cinco años, se cayó por el precipicio, en el hoyo del lado derecho de la casa, donde ahora están los árboles, ahí la enterraron. Yacía allí, muerta, la pobre.

En la sala de enfrente los tres muertos, la pareja y el sirviente. ¡Fue muy triste! Me gustaban mucho, Doña Leda fue muy buena conmigo. Los comentarios fueron diversos, se pensó que alguien extraño entró y asesinó a todos, pero la policía dijo que doña Leda y la niña murieron el sábado, y los dos hombres el domingo, y todo indicaba que el señor Irineo se suicidó. El padre de mi jefe vino a enterrarlos a los tres juntos. Osvaldo fue enterrado como mendigo. Sacaron todos los muebles de la casa y la cerraron. Escuché que la casa era para el hermano del señor Irineo. Incluso intentó alquilarla, renovarla, pero todos tienen miedo. ¡Y eso sucedió hace tanto tiempo!

– Doña Rita, ¿había una planta trepadora en la casa que cubría las paredes exteriores de la casa? – Preguntó Roberto.

– Sí señor, la casa tenía hiedra verde en las paredes y siempre estaban podadas y hermosas – respondió Doña Rita con nostalgia.

– ¿Crees que la casa está embrujada?

– ¿Qué tiene fantasmas? Bueno, no sé, nunca más fui allí, solo escuché comentarios, pero en un pueblo pequeño se habla mucho. Pero ese triste hecho sucedió allí, tal vez uno de los muertos no ha encontrado la paz y los está perturbando allí – respondió Doña Rita.

– ¿Encontrar la paz? ¿Cómo les ayudas a tener paz? – Preguntó Roberto.

– ¿Quién sabe? Tal vez esa religión que les habla, los espíritas.

– Sí. Gracias, señora.

– Espero que resuelvas este problema. Si él o algunos andan deambulando por la casa, es hora que se calmen – dijo Doña Rita.

Roberto se fue y luego se acordó de su amigo Virgilio. Cuando Roberto llegó a casa por la tarde, encontró a Fabio hablando con su familia. Después de los saludos, le explicó al dueño de la casa.

– Señor Roberto, vine aquí para ver si quiere poner un teléfono en su casa. La línea pasará por delante, si quieres, simplemente tira de los cables y podrás tener un teléfono.

– ¡Acéptalo, papi, será tan bueno! – Pidió Fabiana.

– No sé, lo pensaré.

Roberto no quería comprometerse, tal vez tenían que mudarse. Era la hora de la cena y el visitante fue invitado y aceptó. Fabio miraba mucho a Angélica, que se sentía incómoda. Luego fueron a la sala de estar y hablaron. Al despedirse, Fabio preguntó:

– Angélica, ¿me acompañas? Se fue, estaba inquieta. Él dijo:

– Angélica, no sé qué excusa dar para venir aquí a verte. Debes haber notado que estoy interesado en ti.
¿Tengo oportunidad?

– Es que... – Angélica estaba avergonzada.

– Entiendo, lo siento.

– Fabio, no es eso, es que yo estaba enferma, tal vez ni siquiera me he curado y...

– Te lo dije, estabas enferma, ya no lo estás – dijo.

– ¿Cómo puedes estar seguro? – Tartamudeó.

– Siento que estás curada y la enfermedad no es excusa para mí.

– Tuve cáncer de útero, que me lo extirparon – dijo Angélica en voz baja.

– ¿Por qué me dices eso? – Preguntó el joven.

Angélica entendió, él solo estaba pidiendo salir con ella, no casarse... Ella sonrió. Él tomó su mano y la besó.

– ¿Estamos saliendo?

– ¡Lo estamos!

Cuando entró en la habitación, todos la miraron por la demora y porque estaba muy feliz.

– ¿Qué pasó, Angélica? – Preguntó Fabiana.

– Es que Fabio y yo estamos saliendo.

– ¡Genial, eso me gusta! – exclamó Fabiana.

– A mí también, y parece enamorado de ti, solo mira su cara de tonto cuando te observa – comentó Henrique riendo.

Todos rieron, hasta Osvaldo se alegró de ver feliz a la niña.

– Le hablé de mi enfermedad – dijo Angélica.

– De tu pasada enfermedad – corrigió su madre –. Pero, hija, ¿por qué hiciste eso? Habían acordado que no hablarían con nadie de la enfermedad allí, para evitar comentarios que ya te habían hecho sufrir: ¿Se curará? ¡Y tan joven! ¡No podrás tener hijos! ¡El pelo crecerá!, etc.

– Tenía ganas de contarle todo a Fabio – dijo la joven, suspirando.

– Espero que no le diga a nadie – dijo Dinéia. Se fueron a dormir y Osvaldo se quedó en la sala murmurando:

– Hoy no asusto a nadie, me conmueve la alegría de la *Calvita*.

El otro día, Henrique estaba subiendo las escaleras cuando puso su mano en la barandilla y se sintió como si hubiera puesto su mano sobre una mano muy fría, grande y peluda; se estremeció, apartó la mano, quiso gritar, pero solo gimió asustado, se quedó quieto unos segundos y luego subió corriendo las escaleras, sin volver a poner la mano en el pasamanos. Fabiana estaba en su habitación. Henrique, no queriendo estar solo, fue a su habitación.

– Hola, Fabiana, ¿qué haces?

– Limpiando la habitación – respondió, sin prestarle atención.

– Fabiana, ¿cómo estás en la escuela? ¿De verdad te has acostumbrado?

– Al principio echaba de menos a mis amigos, pero ahora me acostumbré, las chicas son muy simpáticas. Y está Leco, que es la mejor.

Henrique tuvo que escuchar a su hermana hablar de Leonardo, Leco, en quien ella estaba interesada, todo era preferible a estar solo. Solamente pensar en esa mano lo hizo temblar. Se quedó allí con su hermana hasta que los llamaron a cenar.

Todos se fueron a dormir, Roberto tomó el periódico para leer. No dejaba de pensar:

– "Tengo que tomar medidas, no me gustaría mudarme de esta casa y tener que decirles a todos que tengo miedo de los fenómenos extraños que ocurren aquí. Lo siento por mi hijo, el pobre está aterrorizado. Ser padre no es fácil, tener que tomar decisiones familiares a veces parece complicado.

El hecho es que yo también me he estado sintiendo mal en esta casa. A veces me siento agotado, como si alguien hubiera absorbido mi energía.

Otros días, me siento triste, como si estuviera solo, ¡qué gracioso, yo, solo! El sentimiento de no ser amado es tan fuerte que duele; otras veces siento dolor en el pecho, como el que Henrique dice que siente. Las risas son aterradoras. Lo he pensado mucho y he llegado a la conclusión que no es una impresión. Leí hace algún tiempo que existe la posibilidad de leer en la energía que rodea a los objetos o lugares los hechos notables que sucedieron con o en ellos. Parece que se llama psicometría...[3] así es. Pero si aquí ha ocurrido un crimen, eso no es lo que vemos ni oímos.

Así que no debe ser eso. Henrique tiene miedo de estar enfermo, no lo creo, lo veo y lo escucho también. Pero si digo eso, aterrorizaré a todos. Creo que por el bien de la familia deberíamos mudarnos, tratar de negociar bien el contrato, después de todo no alquilé una casa con fantasmas. Si mis amigos se enteran de esto, se reirán, parezco un niñito asustado. Si tan solo estuviera seguro que este fenómeno no nos hace daño. ¿Haciendo daño? ¡Por supuesto que sí! Mi hijo está aterrorizado y esto me empieza a preocupar. Pensé que aquí tendríamos la paz que tanto anhelábamos. Sufrimos mucho con la enfermedad de Angélica, pasé por mucho, me endeudé, compré los muebles a plazos y estoy pagando el préstamo. Y aquí Dinéia está ganando bien. ¿Qué hacer?"

De repente le pareció ver moverse la caja de cigarros. No fumaba, había recibido esa caja de un cliente y la había dejado sobre la mesa.

---

[3] Psicometría: mediumnidad según la cual el médium, puesto en contacto con objetos, personas o lugares relacionados con hechos pasados, se sintoniza de tal manera con el clima psicológico en el que ocurrieron estos hechos que él es capaz de describirlos.

- "¡Humo! ¡Humo! ¡Quiero disfrutar el humo, no he fumado en mucho tiempo!" – Insistió Osvaldo.

Roberto tomó la caja, quiso encender un cigarro, pero se detuvo.

– No fumo y no lo haré ahora. ¡Qué extraño deseo!

Aprensivo, se fue a dormir sin terminar de leer el periódico.

En la escuela, los amigos de Henrique lo instaron a que los invitara a visitar su casa.

– Nos gustaría ir allí, nunca fuimos.

– Prometemos no molestar. Se habla tanto de esta casa que nos da curiosidad. Entonces, ¿podemos ir?

– Henrique, ¿está embrujado o no? ¿Es verdad que el alma en pena del criminal está ahí? Mató a una niña muy pequeña.

– No hay nada, es una casa como cualquier otra – respondió Henrique.

– Si no tienes nada que ocultar, invítanos.

– Está bien, los espero esta tarde. Pueden ir en autobús, se detiene en la carretera – coincidió Henrique.

Los chicos estaban emocionados y Henrique preocupado. Regresó a casa pensativo.

– "¿Y si el fantasma asusta a mis amigos? ¿Cómo explicarlo? Bueno, yo puedo dar algunas explicaciones y diré que lo hice para animarme. ¡Así es!"

Pero estaba aprensivo. En el almuerzo les dijo a todos que venían sus amigos. Dinéia le preguntó a la criada:

– Cariño, hazles una merienda. Son bienvenidos, me gusta la casa llena, puedes caminar con ellos.

Llegaron doce, tenían curiosidad, vigilaban todo con atención, iban al huerto, comían fruta, jugaban con los perros, reían y conversaban animadamente. Henrique estuvo tenso todo el tiempo, tratando de parecer normal. Nena sirvió una merienda sabrosa, a los chicos les gustó.

– ¡Vaya, Henrique, qué bonita casa! ¡Hermoso lugar! Estás bien acomodado aquí.
¡Qué suerte!

– ¡Todo parece tan normal! La historia de la maldición es un rumor pueblerino.

– ¡Ya quisiera vivir aquí!

Henrique sonrió mientras escuchaba a sus amigos, respiró aliviado. Cuando se fueron, pensó:

– "Me alegro que el fantasma no los persiguiera."

Osvaldo miraba todo, molesto y callado.

- "No me importan estos niños, no viven aquí. No soy un payaso para montar un espectáculo. Quiero rondar la casa. Me alegro que estos mocosos se hayan ido. ¡Qué felices son!"

Esa semana, como cada primer domingo de mes, Nena visitó a su hermano, que estaba en la cárcel. Osvaldo se quedó en la cocina mirándola, y cuando ella empezaba a pensar la escuchaba.

- "Antonio será liberado pronto. Hemos sufrido tanto separados, es justo que sigamos juntos. ¿Cómo lo vamos a hacer? ¿Tengo que irme de aquí? No soy lo suficientemente joven para encontrar otro trabajo, después de todos estos años los tengo como mi familia, llevo once años trabajando para ellos. ¿Cómo voy a aventurarme por ahí sin trabajo? Sé que será más difícil para él, nadie quiere darle un trabajo a ex convictos y quiero tanto quedarme con Antonio.

¿Cómo puedo decirles a mis jefes que he mentido todo este tiempo? Al principio pensé, cuando llegué a trabajar para ellos, que sería otro trabajo, y para que me aceptaran les mentí, diciendo que Antonio era mi hermano, además de inventar la razón por la que estaba en la cárcel. Si no lo hacía, en aquel entonces, nadie me daría trabajo. Creyeron y no comprobaron si era verdad, y pasó el tiempo,

Cada vez me gustaban más, eran, son mi familia, porque la verdadera ni la conocí, mis padres me abandonaron. Yo era muy joven cuando fui a una institución, cuando salí me consiguieron trabajo de empleada doméstica, pero ahí uno de los muchachos, el hijo de mis jefes, trató de violarme, tuve que irme y fue en ese momento difícil para mí que conocí a Antonio y nos enamoramos, luego sucedió esa desgracia, me fugué con él, hasta que lo arrestaron y lleva trece años en prisión. Afortunadamente, pronto se beneficiará de la libertad condicional. Hemos estado separados por mucho tiempo, ahora quiero quedarme con él. Pero ¿cómo? Quiero tanto quedarme aquí, con esta familia. ¿Cómo hago para negarme a mí misma? ¿Seguirán confiando en mí? ¡Dios mío! ¿Qué hago? ¡Es tan difícil decir la verdad!"

–¡Qué doncella mentirosa!– exclamó Osvaldo –. ¡Engañó a todos, dice que es su hermano el que visita, pero es su amante!

El domingo temprano, Roberto llevó a Nena a la estación de autobuses. Estaba lleno de bolsas con ropa, dulces, pastel, etc. Osvaldo miraba, quería seguir para ver qué iba a hacer la criada, pero no podía salir, todo lo que podía hacer era llegar hasta el camino.

– "¡Qué diablos! Tenía tantas ganas de ir con ella. Nena va a visitar a un preso, quería ver cómo es una prisión. ¡Antonio está en la cárcel como yo, solo que él recibe visitas y yo no!"

Pasaban los días y Osvaldo estaba impaciente, no siempre lograba hacer ruido, asustar a los dos. Lo intentó, y cuando funcionó, se divirtió. Quería que se mudaran para estar solo en esa casa, su prisión, aunque a veces pensaba que no era tan malo tener compañía.

Todos estaban almorzando, Nena comía con ellos, la trataban como a un miembro de la familia. Roberto sacó una carta de su bolsillo. Como la correspondencia tardaba mucho en ser entregada, el correo pasaba allí una vez a la semana, luego iba a la dirección del banco.

– Hay una carta para ti, Nena, es de tu hermano.

– "¡Y ahora que desenmascaro a esta mentirosa!" – afirmó Oswaldo. Se acercó a Henrique, a quien dijo lo que quería.

– ¡Déjame ver! ¡Qué gracioso, Nena, tu hermano no tiene el mismo apellido que tú! ¿Por qué eso? ¿Puedes explicarnos? ¿Él no es tu novio? Por cierto, lo es! ¡Mentiste! ¡Este Antonio es tu novio!

Nena vio descubierta su mentira, se levantó y tomó la carta temblando.

– ¿Es eso cierto, Nena? – preguntó Dinéia.

Se quedó en silencio durante unos segundos. La joven empezó a llorar.

– ¡Es verdad! Antonio es como mi marido – Dijo Nena, saliendo de la habitación.

– Lo siento… – tartamudeó Henrique, comenzando a llorar, y se fue también.

El padre lo siguió, la madre lo acompañó, el almuerzo había terminado. El muchacho se sentó en el sofá y lloró de corazón, Roberto lo abrazó.

– ¡Papá, no puedo más con esto! Nunca ofendería a Nena, yo la quiero. Fui rudo, grosero, la hice llorar. Estoy siendo honesto, no sé por qué lo dije. Yo no sabía nada de eso. Y esto está pasando, digo cosas que no quiero, me viene fuerte, parece que alguien me dirige y hablo.

Hubo un silencio, hasta que Dinéia dijo:

– ¡Mi! Primero fue con Fabiana, las pesadillas, el trato; luego la enfermedad de Angélica, ahora tú. ¡Deberíamos llevarlo a un psicólogo o psiquiatra!

– ¡Llévame a donde quieras, me apunto! Haré cualquier cosa para deshacerme de él. ¡Por Dios, papi, vamos a mudarnos! Me da vergüenza dormir en tu cuarto, estoy cansado, nervioso, apenas llego a casa siento que tengo dos agujeros en el pecho, escucho ruidos, veo objetos moverse. ¡Estoy sufriendo!

– Hijo mío, te entiendo. Ayudémoslo – lo consoló Roberto.

Henrique se fue, se fue a su cuarto triste y molesto. Osvaldo murmuró:

– "¿Exageré? Lo siento por el muchacho; después, la criada se echa a llorar."

– Roberto, Henrique me está preocupando. ¿Es la adolescencia? – preguntó Dinéia.

– No lo creo, Henrique siempre fue un buen chico. Dinéia, yo también he visto y oído cosas extrañas en esta casa y, como él, no me he sentido bien aquí.

– ¿Por qué no me lo dijiste? – Preguntó la esposa, preocupada.

– No para asustarte. ¿Qué piensas de pedirle ayuda a Virgilio? Es espírita, nos ayudó con la enfermedad de Angélica.

– Rezaba por ella, siempre nos visitaba animándonos, pero ahora es diferente. Voy a hablar con el párroco del pueblo, espera, Roberto, déjame pedir ayuda primero al párroco. Ahora voy.

Roberto estuvo de acuerdo. Dinéia fue a cambiarse de ropa para ir a la ciudad con su marido. Estaba pensando en su amigo. Conocía a Virgilio desde que era un niño, crecieron juntos, vivían muy cerca, se gustaban, iban a la misma escuela, era leal y amable. Cuando era joven empezó a frecuentar el Centro Espírita, se hizo religioso, a Roberto no le gustaba hablar de eso y su amigo no insistía, pero sabía que veía gente muerta, les hablaba y, según le ayudó mucho el Espiritismo. Virgilio estaba tranquilo, ella confiaba en él.

Dinéia fue a la iglesia, observaba todo, era sencilla, pequeña y muy bonita. Los lugares de oración siempre le daban calma; se arrodilló y oró, se sintió mejor. Vio a una señora que arreglaba el altar, se acercó a ella y pidió hablar con el sacerdote. Esperó media hora. La misma señora la invitó.

– Ahora te recibirá el cura.

Después de los saludos, Dinéia fue directa al grano.

– Señor, soy católica, vivo en la casa del acantilado, allá en el cerro, y estamos pasando por dificultades. Mi hijo y mi marido han visto y oído cosas extrañas allí, el niño está aterrorizado. Me gustaría que fuera allí y bendijera, no sé, exorcizara la casa. Lo hará, ¿no? Porque si no, mi esposo llamará a un amigo suyo que es espírita.

– En la casa del acantilado... Pero, usted se ha mudado hace mucho tiempo y no ha venido a misa.

– He estado muy ocupada – se justificó Dinéia.

– Señora – dijo el sacerdote – No sé si puedo ayudarla. He estado allí a petición de otra familia. La mansión no tiene nada de malo, es una impresión, quizás por el tipo, la ubicación de la casa o la tragedia que allí ocurrió.

– ¿Entonces no me va a ayudar? – Preguntó Dinéia, indignada.

– Creo que es mejor que su esposo llame a su amigo espírita, después de todo, el Espiritismo se mete con el diablo. Disculpe señora, estoy muy ocupado, espero verla el domingo en misa.

Dinéia esbozó una sonrisa forzada, se despidió y pensó:

– "No quiere ayudarnos y encima nos invita a misa."

Otras personas se acercaron y ella se alejó, sintiéndose herida. Regreso a casa en autobús.

Nena no sabía cómo actuar, hizo su trabajo con normalidad después de llorar un rato. ¡Tenía tantas ganas de decir la verdad! Imaginó muchas formas de hacerlo y sintió que era así.

No entendía a Henrique, era tan educado, los amaba a los tres como si fueran sus hijos, los cuidaba, Dinéia siempre trabajaba y los niños estaban solos. Ahora el niño Henrique estaba cambiado, desde que se mudaron a esa casa era extraño, silencioso, casi ni jugaba con los perros. Algo andaba mal, pensó.

Nadie tocó el tema. Era como si no se hubieran enterado, cada uno estaba metido en sus propios problemas, que eran muchos.

Angélica solo pensaba en Fabio. Estaba tan emocionada con él, su novio tan considerado, cariñoso. Cuanto más lo conocía, más pensaba que era inteligente, simple y, lo más importante, también parecía enamorado. A veces tenía la impresión que lo conocía desde hacía mucho tiempo, se reían cuando descubrían intereses comunes, les gustaban las mismas cosas. Pero ya no era indiferente a la muerte como hacía unos meses, quería curarse para estar siempre cerca de él. Estaba preocupada. "¿Mejoraré o no?" – se preguntó a sí misma. Aunque no quería pensar en su enfermedad, lo hizo.

Tenía muchas ganas de ser sanada. La joven también estaba preocupada por su hermano, quería bien a todos y Nena estaba incluida en ese deseo, le gustaba.

Fabiana no quiso adivinar, pensó que si el problema era esa casa, deberían mudarse. La encontró extraña; por lo tanto, no le gustaba pensar que allí había habido un crimen bárbaro.

En cuanto a Nena, la entendió por haber mentido, por miedo a que la echaran. No quería separarse de ella, a quien consideraba una segunda madre.

Dinéia tenía un pedido grande, tenía que trabajar y estaba preocupada por su hijo. No sabía qué hacer, si llevarlo o no a casa de su madre. Pero si lo hiciera, se perdería el año escolar. ¿Estaba enfermo? ¿Era en serio? Había sufrido tanto por la enfermedad de Angélica, aun tenía miedo que el cáncer apareciera en otro órgano, en cuanto se preocupaba por uno, venía el otro. Tenía la esperanza de resolver este problema con Nena, no sabía por qué mintió. Algo muy grave debió pasar para que ella ocultara la verdad todos estos años. No quería perderla, le gustaba, había estado con ellos durante tantos años, siempre leal, trabajadora. Si se iba, tendría otro problema, más grave aun, porque la señora de la limpieza le había dicho que ya no vendría más, era la tercera la que se rendía.

Incluso preocupada, Dinéia se concentró en su trabajo.

Roberto no lo pensó más, consideró que Nena podría explicarlo, tenía mucho que hacer y estaba muy preocupado por Henrique.

Cuando Roberto llegó para la cena, encontró a Henrique parado junto a una ventana en el sofá con libros abiertos.

– Papá, mañana tengo un examen y no puedo estudiar, creo que estoy enfermo.

– No, hijo, no estás enfermo, para todo lo que está pasando debe haber una explicación. Reacciona, no te desanimes. Confiemos, todo volverá a la normalidad.

La cena estaba servida y Nena no se sentó a la mesa. Roberto preguntó:

– Cariño, ¿por qué no te sientas con nosotros? ¿No quieres cenar?

– Es que... no sé si deba hacerlo – respondió Nena, avergonzada.

– Siéntate, por favor – insistió Roberto. Se sentó y Henrique dijo:

– Lo siento, Nena, no quise ofenderte. Realmente no quería.

– Tenemos muchos problemas, deja que todo siga como antes, luego solucionaremos el tuyo, ¿de acuerdo, Nena? – Dijo Dinéia.

Cenaron en silencio. Poco después llegaron Fabio y los amigos de Fabiana, conversando animadamente en la sala. Henrique estaba callado, estaba triste. Cuando los visitantes se fueron, las dos los llevaron hasta sus autos. Fabio le preguntó a su novia:

– ¿Les está pasando algo? Henrique está tan callado.

– Creo que es esta casa, Henrique insiste en decir que ve y oye cosas.

– Y tú, ¿ves u oyes? – Preguntó el joven.

– No, pero a veces tengo sensaciones extrañas, como si alguien me llamara Calva y se ríe de mí.

– Angélica, si tus padres se quieren mudar yo acepto la multa y les consigo otra buena casa.

Cuando entró a la casa, los cuatro aun estaban en la sala y Angélica comentó lo que había dicho Fabio. Henrique dijo con tristeza:

– ¡Todo por mi culpa! ¡Lo superaré! Si a todos les gusta aquí y si están bien, me adaptaré. Todo puede ser una impresión o estoy enfermo. Hoy dormiré en mi habitación.

– No, hijo, yo creo en ti, no quiero que sufras con miedo. Dormirás con nosotros, si insistes iré a tu habitación, iré contigo – dijo el padre.

– Roberto – dijo Dinéia – por favor llama a tu amigo Virgilio, pídele ayuda, invítalo a venir aquí. Yo creo que él nos puede ayudar.

– Buena idea – expresó Angélica –. Me ayudó mucho cuando estaba enferma, me animó, me sentí bien. cuando me dio un pase.

– También lo apruebo, me gusta, creo que la Doctrina Espírita es muy fraterna y fiel a la teoría de la reencarnación. Es muy triste e injusto pensar que solo se vive una vez aquí en la Tierra – opinó Fabiana.

– Lo haré. Mañana lo llamaré del banco.

Se fueron a dormir más esperanzados.

Por la mañana, Roberto trató de hablar con su amigo Virgilio y no pudo, porque no estaba en casa; estaba ansioso por hacerlo. Pensó que él, con su conocimiento y amabilidad, los ayudaría. Solo lo hizo por la tarde. Le dijo sin entrar en detalles lo que estaba pasando y le preguntó:

– Por favor, ayúdanos de nuevo, ven a visitarnos con Silze. Disfrutará en conocer el lugar, descansar un poco. Aquí es tranquilo y hace muy buen clima, verás qué bonito es y cómo nos metemos en líos.

– En veinte días tendremos un feriado que puedo enmendar. Hablaré con Silze, la llamaré y te diré si podemos ir. Roberto, reza más y pide a todos en casa que recen. Rezaré mis oraciones desde aquí y pediré a los buenos espíritus que nos ayuden.

Y lo hizo Virgilio, en la reunión de esa noche, de la que participó con otros compañeros en el Centro Espírita al que asistía; oró y pidió ayuda a sus amigos.

Carmelo era un buen trabajador desencarnado y amigo de Virgilio, hacía tiempo que estaba en el plano espiritual. Había ayudado a Angélica cuando estaba enferma, había aprendido a amarla y amaba a todos en la familia. Al enterarse del problema, le pidió al mentor espiritual de la casa que viera lo que estaba pasando y tratara de ayudarlos. Se le dio permiso y Carmelo fue allí a visitarlos.

Apenas llegó, Carmelo entendió lo que estaba pasando. Vio a Osvaldo, pero Osvaldo no lo vio. Osvaldo tenía poco conocimiento del plano espiritual, veía y actuaba como si estuviera encarnado, solo vería a otro desencarnado si fuera como él o si uno bueno se rebajara la vibración. Carmelo prefirió no ser visto por él, eso le facilitaría el trabajo por el momento.

Analizó lo que estaba pasando y elaboró un plan de ayuda, se organizó y tomó alguna acción. Rezó y animó a los residentes de la casa del acantilado a hacerlo.

Lo logró, todos comenzaron a orar. Y el domingo, cuando se juntaron, en la tarde, Roberto los invitó:

– Virgilio recomendó que oremos más. ¿Hacemos una oración juntos?

Esto mejoró los fluidos del lugar. Mientras rezaban, Carmelo les dio pase a todos, tranquilizándolos, enfocó su ayuda en Henrique, no dejando que Osvaldo agotara más sus energías; con eso ya no podía mover objetos ni hacer ruido. Observó de cerca a Osvaldo, brindándole también energías benéficas que lo hicieron dormir. Empezó a dormir mucho. Con sueño, se fue a un rincón de la habitación y se durmió. Murmuró, sin entender lo que estaba pasando:

– "Qué pereza, parece que estoy encarnado. Tengo mucho sueño, si estuviera en el cuerpo físico diría que estoy enfermo. ¡Qué pan comido! Peor, no puedo hacer ninguna travesura para que dejaran de mudarse. ¡Me voy a dormir otra vez!"

Nena estaba callada, hablando solo lo esencial y comenzó, a pedido de Roberto, a orar más. Estaba más tranquila, pero muy preocupada, sabía que pronto tendría que decir la verdad y temía la reacción de sus jefes.

Las niñas también comenzaron a decir más oraciones. Henrique, se sintió mejor, con más ganas y empezó a estudiar, llegó tarde a la escuela y quería recuperarse. La pareja esperaba con esperanza la llegada de su amigo.

Para ayudar mejor, Carmelo sabía todo, quienes estuvieron involucrados en los hechos que ocurrieron allí en el acantilado, dónde estaban y por qué Osvaldo estaba allí. Así conoció la verdadera historia de los antiguos habitantes de la casa del acantilado.

Irineo, el antiguo propietario, era joven cuando conoció a Leda y se enamoró de ella. Era de familia adinerada, sus padres tenían una fábrica de productos agrícolas y él viajaba para venderlos.

Se sintió feliz. Conoció a Leda cuando iba a trabajar a esa ciudad y comenzó a salir con ella. Su familia no quería la relación, pensaban que era vulgar y también hablaban muy mal de ella en la ciudad.

Pero él era terco, y cuando ella quedó embarazada, ellos se casaron. Alquilaron una casa en la ciudad, donde se instalaron. Irineo prefirió vivir lejos de su familia, ya que no querían a su esposa, y continuó con su trabajo como viajero.

Compró el terreno del acantilado en la colina, le encantó el lugar tan pronto como lo vio. A Leda no le gustó, pensó que estaría aislada allí, pero terminó aceptando y la casa se construyó, tomó un tiempo para estar lista, tomó tres años y medio para construirse, pero resultó como ellos había planeado, una casa grande y muy hermosa.

Cuando se mudaron, su hija, María de Fátima, Fátima, ya estaba grande. Irineo quería más hijos; Leda no, pensó que eran molestos y deformarían su cuerpo.

– Tengo miedo de ese acantilado, el lado derecho de la casa es peligroso, tendré que vigilar a la niña con cuidado – dijo " Leda.

– Es muy peligroso, prohibámosle que vaya allí – dijo Irineo.

De hecho, en el lado derecho de la casa había una pendiente con muchas piedras. Irineo mandó hacer un sendero, un camino angosto que lo rodeaba. Pensé que era peligroso, pero muy hermoso.

Cuando construyó la casa, quería preservar el acantilado. Caminó mucho admirando el paisaje. Habló con la niña pidiéndole que no fuera allí y la niña, obedientemente, realmente no fue. Irineo seguía enamorado de su mujer, hacía todo por complacerla, le gustaba quedarse en casa, era cariñoso, a veces le molestaba que ella gastara mucho, pero trataba de justificarlo pensando que era joven, que era pobre y que quería tener sus propias cosas... Trabajó mucho para atenderla.

Leda era una joven rebelde e independiente, dio muchas molestias a sus padres. Muy voluble, quedó embarazada tres veces y abortó. Cuando Irineo se interesó por ella, ambiciosa, hizo todo lo posible por conquistarlo. Ella pensó:

– "Es la oportunidad de enderezar mi vida. Él es rico y podrá sacarme de esta pobreza."

Se quedó embarazada y se lo contó llorando.

– Irineo, me entregué a ti por amor y estoy embarazada. ¡Cásate conmigo! No abortaré, nunca haría eso con tu hijo, ya lo amo como te amo a ti. ¿Me dejarás ser un ¿madre soltera?

– Nos casaremos. ¡Te amo a ti y a nuestro hijo! – decidió Irineo.

Al principio era nuevo, disfrutaba del matrimonio, del embarazo y de la niña, luego empezó a aburrirse; frívola, pronto tuvo amantes.

Osvaldo fue un muchacho que sufrió mucho. Cuando era pequeño, su madre lo abandonó, no soportaba que su esposo borracho la golpeara y nunca más se supo de ella. Osvaldo se fue a vivir con su abuela, la madre de su padre, que no le tenía amor ni paciencia, siempre lo maldecía y decía que su madre lo había abandonado; lo hacía llorar, sentido. Su padre lo trató con indiferencia, pero él le temía y lo evitaba. Un día su padre, borracho, cayó a las vías del tren y desencarnó en un triste accidente. La abuela se amargó más, lo sacó de la escuela y lo puso a trabajar. Pasó por muchos trabajos. Cuando se fue a trabajar para Irineo, la casa aun estaba en construcción. Allí hizo de todo, ayudante de albañil, carpintero y finalmente se ocupó de la huerta y el jardín.

– Osvaldo – dijo Irineo –, vente a vivir al acantilado, ordenemos este cuarto de madera y dormirás aquí, así evitarás que se roben materiales de construcción.

Le pareció bien, allí no pagaría alquiler ni agua ni luz, tendría su sueldo libre. Arregló la habitación de la mejor manera y quedó satisfecho, estuvo bien acomodado. Y para defender el lugar o asustar a los ladrones, Irineo le compró un revólver y se lo dio.

– Úsalo solo si es necesario, para asustar.

Osvaldo se sintió más tranquilo, guardó el arma y pasó a hacer su trabajo, contento. Tanto el empleador como el empleado quedaron satisfechos.

– Quédate con nosotros, Osvaldo – dijo Irineo en el cuartito, pero él podrá hacer sus comidas haciéndole la vida más fácil, así no comerá más su salario.

– Sí, señor, y se lo agradezco – dijo Osvaldo, feliz.

– Sabes que viajo mucho y la estancia allí es tranquila, la casa está aislada. El revólver lo guardo, lo llevo si es necesario.

A Irineo le gustaba el sirviente y el sirviente gustaba de él, ella sonrió feliz y cuando se dio cuenta que él la miraba con admiración, comenzó a burlarse de él, queriendo no tener nada que ver con él, ni siquiera como amante. Pobrecito, empezó a pensar que ella estaba interesada, pronto estuvo enamorado.

Fátima fue una perla, graciosa, obediente, dulce con el papá, que le daba mucha atención y cariño.

Rita era el ama de llaves, le gustaban mucho los regalos. Osvaldo, muy apasionado, pero pronto descubrió que tenía dos amantes. Un joven de la ciudad que había sido su novio antes de casarse. Y el otro, de un pueblo cercano, casado, los dos estaban enamorados de ella.

Su amante, que estaba casado, quiso romper con ella, su padre se entrometió, fue a visitarla y le pidió que abandonara a su hijo.

– No dejaré ir a tu hijo, pero no te preocupes, no dejaré mi hogar por él.

Osvaldo, que estaba escondido, escuchó todo, ella vivía un tormento.

Pero Leda pronto se cansó de este amante, el primero quería que se fuera con él. El hombre casado sabía, para estar aterrorizado, que no quería que su amada se fuera. Leda rompió con él, pero este hombre, enamorado, intentó quitarse la vida, se enfermó, dejó a su familia y ella volvió a ser su amante.

Osvaldo sabía todo lo que le pasaba a Leda, pues la vigilaba y sufría de celos. Decidió conquistarla siendo amable, dándole flores y regalos. Ella lo recibió con indiferencia, a veces siendo amable, a veces riéndose de él. Esta situación se estaba volviendo insoportable para el jardinero, quien solo pensaba en ella y no sabía cómo actuar, si declararle o no su amor, temía su respuesta.

Soñó que al declararse dejaría a su marido para irse con él. Pero ¿a dónde? ¿Qué hacer para apoyarlo? ¿Seguiría Leda teniendo amantes? Pensó mucho y no llegó a ninguna conclusión.

Irineo a veces desconfiaba de su esposa, pero se engañaba, estaba muy enamorado y ella lo envolvía, haciéndole creer que era amado y que no debía estar celoso. Irineo viajó, volvería el domingo. El sábado, después que se fue la mucama, Osvaldo vio que Leda estaba sola en la habitación. Buscando coraje, fue a hablar con ella.

– Leda, necesito hablar contigo.

– ¿Qué tipo de intimidades son estas? ¿Cómo entras así a la casa sin pedir permiso? Señor, para usted soy Doña Leda– respondió ella con autoridad, pero riéndose, burlándose de él.

Osvaldo se quedó quieto sin saber qué hacer. Estaba muy guapa, muy arreglada, tal vez, pensó, iba a encontrarse con alguno de sus amantes. Estaba nervioso y celoso. Ella se iba mucho para estas reuniones, muchas veces dejando sola a la hijita, y cuando el marido viajaba, allí los recibía. Y seguramente, concluyó, se estaba preparando para recibir a uno de ellos. Al ver que el empleado no decía nada, Leda dijo burlándose:

– Vamos, ya que estás aquí, solo di lo que quieras.

– Que la amo, señora. ¡La amo mucho! – Murmuró el jardinero.

– ¿Y qué? Es tu problema, no hice nada para conquistarte.

– Tú tienes otros amantes y ¿yo...? – Dijo Osvaldo tartamudeando.

– ¿Y tú qué? No tengo ni quiero tener nada contigo.

Osvaldo, loco de celos, viendo que ella se burlaba de él, tomó el revólver y le disparó.

Escuchando el ruido, Fátima salió corriendo y vio la desgarradora escena.

– "Papá no quiere que vayamos allí, pero soy grande, me gusta y puedo ir. No deberías decirle nada."

Y la niña no lo dijo, no habló con nadie. Pero ese día, con el paso de las horas, se cansó de jugar sola en su habitación y pensó que su madre ya debería estar de regreso. Bajó las escaleras llamando a Osvaldo, se estremeció con la voz de la niña, pero no se movió. La niña lo vio y tuvo miedo. Ella lo conocía, trabajaba desde casa, pero se sorprendió al verlo con el pelo desarreglado, los ojos inyectados en sangre y la ropa sucia. Se asustó y dijo:

– "¡Mami! ¡Voy contigo al acantilado!"

Corrió. Osvaldo se detuvo un momento, luego repitió lo dicho por la niña y exclamó:

– ¡Dios mío! ¡Fátima se fue al hoyo!

Salió corriendo de la casa y tomó el camino que rodeaba el agujero. Cuando lo vio, corrió más lejos. Osvaldo estaba aterrorizado:

– "Necesito llegar a ella, es peligroso" – pensó enojado.

– ¡Para, Fátima! ¡Detente! ¡Cuidado! – Gritó con voz ronca, asustando aun más a la chica.

La niña llegó por el sendero, jadeaba, asustada, quería gritar por su madre y no podía.

Luego se torció el pie, pero no dejó de correr, perdió el equilibrio y cayó en el hoyo, desencarnado en la caída. Osvaldo se desesperó, bajó y comprobó: estaba muerta. Subió las escaleras y volvió a la casa, donde se quedó en la sala con el cadáver de Leda.

Estaba asombrado, pensó en huir, pero no tuvo el coraje de dejarla allí, la amaba, ahora era suya. Pasó la noche confundido, desequilibrado, terminó durmiendo y amaneció con la llegada de Irineo.

El dueño de la casa se asustó al ver la casa abierta, porque era muy temprano. Entró llamando a su esposa e hija. Al no tener respuesta, fue de cuarto en cuarto y al ver a Osvaldo sentado en un sillón, se asustó:

– ¿Qué haces aquí?

Allí vio a su esposa muerta. Estaba helada, con los ojos abiertos.

– ¡Leda! ¡Leda! ¿Qué pasó? ¡Está muerta! Osvaldo, ¿qué pasó aquí? ¡Habla! ¿Fuiste tú?

– ¡Sí! – respondió Osvaldo, en voz baja.

¡Miserable! ¿Por qué? ¿Dónde está mi hija? ¿Dónde está Fátima? – Preguntó Irineo, desesperado.

– ¡Muerta en el hoyo!

– ¡Asesino! – Gritó el dueño de la casa.

Entonces vio el arma en el sofá, la levantó y apuntó a Osvaldo, quien ni se movió.

– ¡Muere! ¡Mereces morir! ¡Quédate aquí, quédate en esta casa para siempre! ¡Miserable asesino!

Y le disparó dos veces en el pecho.

– ¿Cómo puedo vivir sin ellas? ¿Cómo? ¡Yo también quiero morir! – Dijo desesperado y llorando.

Apuntó a su propia cabeza y se disparó.

El lunes por la mañana temprano, Rita, la criada, encontró los cadáveres, salió corriendo gritando y llamó a la policía.

Fátima, teniendo su cuerpo muerto, fue desconectada, llevada por auxilio en un jardín de infantes de la colonia del espacio espiritual del lugar. Estaba aprensiva, sintió que su padre la llamaba desesperada, no podía calmarse ni olvidar su huida y caída. Aunque le gustaba el lugar, quería reencarnarse para olvidarse de él. La dirección del colegio decidió que lo mejor para ella sería la reencarnación, y volvió a su cuerpo físico, ahora era Fabiana.

Leda desencarnó confundida y con asombro, nunca pensó que aquel empleado tonto y apasionado tuviera el coraje de hacerlo. Horas después de haber desencarnado, un grupo de vándalos la desconectó de su cuerpo físico y la llevó a Umbral, donde se sintonizó y empezó a vivir como residente, como miembro del grupo. Cuando logró comprender lo que realmente le había sucedido, uno de ellos le dio la noticia.

– Tu hija desencarnó al caer del hoyo, donde él fue a buscarla. Su esposo mató al asesino y luego se suicidó.

– ¿Dónde está mi hija? – preguntó Leda.

– Se la llevaron los buenos, se la llevaron a un lugar donde no podemos ir porque no lo merecemos – respondió el compañero.

– ¿Ella está bien?

– Solo puede ser, los buenos, como dice el adjetivo, son muy buenos, aman a los niños y cuando desencarnan los ayudan.

Leda no quería saber nada más, no quería pensar en la vida que había encarnado, estaba bien para buscarse problemas. La hija era un ángel y los ángeles van al cielo. Entonces fue ella quien le mintió a la niña diciendo que iba por el sendero para salir y encontrarse con sus amantes, y Fátima había ido a buscarla allí. Entendió que ella tenía la culpa, pero no quería amargarse con remordimientos, decidió olvidarse de todo y disfrutar de la compañía de esos nuevos amigos y de las fiestas que estaban dando. Su marido, que tonto, al diablo, y Osvaldo que se mantuviera alejado de ella.

Pasó el tiempo y Leda seguía con el grupo haciendo alboroto en el Umbral y entre los encarnados. Pero había comenzado a cansarse y últimamente había estado pensando mucho en su hijita y en uno de sus amantes, el mayor, que rezaba mucho por ella.

Irineo, al desencarnar por su acto irreflexivo, su espíritu quedó conectado al cuerpo físico. Confundido, vio que la policía lo encontraba. Estaba indignado por la falta de respeto con que lo trataban.

Con un dolor terrible y pensando que su cuerpo no había muerto, quería ir a un hospital o morir. Pensó en agonía:

– "¿Por qué no me muero?" No quería creer lo que decía la policía, que estaba muerto.

– ¡No es hora de jugar! Estoy vivo, ayúdenme o simplemente hagan lo que hice mal.

¡Mátenme!

Solo comenzó a dudar que su cuerpo físico estuviera vivo cuando llegó su familia, lo cambiaron de ropa y lo colocaron en un ataúd. Escuchó gritos y lamentos. Su desesperación fue terrible cuando lo cerraron y lo dejaron a oscuras. Se dio cuenta que el ataúd había sido colocado en otro lugar y escuchó el ruido de las herramientas cerrando la tumba, luego el silencio. ¡Qué desesperación! ¡Qué horror! Irineo, su espíritu, su verdadero yo, permaneció en el cuerpo y fue enterrado sin ser desconectado.

Solo tiempo después un equipo de rescatistas lo desconectó de la materia muerta y por afinidad fue atraído al Valle de los suicidas, una región del Umbral para quienes mataron su cuerpo físico. Hay mucho sufrimiento en este lugar. Allí sintió dolor, hambre, frío y mucha soledad, aunque había muchos alrededor; pero todos estaban tan confundidos como él, durante años estuvo preocupado, enojado y desesperado. Pero el remordimiento comenzó a despertarlo a la realidad, se maldijo por haber comprado el arma y por haberlo hecho. Ese domingo por la mañana, actuó precipitadamente y creyó en el empleado. Si su hija hubiera estado viva, se habría quedado, con su acto, sin padre y sin madre. Incluso si ella hubiera muerto, ahora sabía que nadie termina con la muerte del cuerpo físico. Fátima, como él, estaría viviendo de otra manera. Pensó amargamente:

– "Si no hubiese tenido un arma en casa, Osvaldo no habría matado a Leda, ni yo lo habría matado a él ni a mí.

Tal vez todo estaría en debate. Si no hubiera tomado ese maldito revólver, podría haber atado al asesino, llamado a la policía y lo habrían arrestado. Sufriría, pero seguiría viviendo y quién sabe, sería feliz, el tiempo pasa y nos olvidamos, simplemente no lo pasamos aquí en este infierno. Todo es preferible a lo que ahora sufro."

Y Carmelo, después de visitarlo, pensó que podía ser guiado y ayudado.

Osvaldo, al recibir el impacto de las balas del revólver, fue violentamente desconectado del cadáver y allí quedó perturbado, teniendo pesadillas. Cuando mejoró, se sintió atrapado, se quedó en la casa, ya que su pequeña habitación había sido destruida. Él también maldijo haber tomado el arma. Pensó en agonía:

– "Si no hubiera tenido un revólver en la casa, solo hubiera discutido con Leda, cuando mucho solo la hubiera abofeteado. Ella me habría despedido, me habría ido, me habría olvidado y todo estaría bien. ¡Maldito sea el revólver[4]!

Después de saberlo todo, Carmelo elaboró planes para ayudar a todos los involucrados. Cuando Virgilio y Silze dormían, Carmelo siguió dando pases a Osvaldo, haciéndolo dormir, y a Henrique, evitando que le quitaran la energía, hablaba con sus espíritus, informándoles de todo. Como también conversó con el consejero espiritual de la Casa Espírita a los que estaban vinculados y obtuvieron permiso para hacer lo necesario para su alivio.

No hubo más manifestaciones en la casa, no se escucharon más ruidos ni se movieron objetos. Henrique todavía dormía con sus padres, y padre e hijo estaban muy asustados.

Virgilio confirmó su partida y todos esperaban ansiosos la visita. Roberto estaba seguro que su amigo solucionaría el problema.

---

[4] N.M.: El revólver no tiene la culpa, es solo un objeto. Pero tanto Irineo como Osvaldo tienen razón; si no hubiera habido un arma en la casa, todo habría sido diferente. Allí y se usó mal.

ORIENTANDO

La llegada de Virgilio y Silze a la casa del acantilado causó una alegría general.

Los dos encontraron el lugar maravilloso, pero pronto se dieron cuenta que había una persona desencarnada que necesitaba orientación. Hablaron, intercambiaron noticias, y Henrique dijo:

– Virgilio, he estado perturbado, no estoy nada bien. quería saber si estoy loco.

– Por supuesto que no, Henrique, no estás enfermo. Eres médium[5]; es decir, un paranormal que tiene la sensibilidad de ver y escuchar a las personas que han cambiado de planos, que han muerto en el cuerpo físico, pero que aun están vivas. Pero hay algunas personas que hacen este pasaje y por alguna razón se quedan en ciertos lugares, y las personas

---

[5] Médium: es la persona que puede servir de intermediario entre los espíritus y los hombres. Suelen llamarse médiums solo las personas más sensibles a este intercambio, pero, en realidad, todos somos médiums, porque la influencia de los espíritus se ejerce sobre nosotros de alguna manera, incluso si no lo percibimos.

sensibles pueden percibirlos. Esto no es un hecho poco común, hay médiums en todas partes que pasan por lo que estás pasando.

– Si no es raro, ¿por qué no sé de nadie más? – Preguntó el chico.

– ¿No lo escondiste tú mismo? ¿Hablaste con alguien? Otras personas también evitan hablar, por miedo a que los llamen mentirosos o enfermos. Pero dentro del ambiente espírita se habla mucho de esto, dando entendimiento y orientación sobre el tema.

Debido a la ayuda que se les brinda a estos sensitivos, a los que llamamos médiums, estas personas conviven con este fenómeno de manera natural.

– ¿De verdad? ¡Que alivio! ¿Me aceptaría un grupo espírita? Quiero que me encuentres un lugar por aquí donde pueda ir a hablar y aprender a lidiar con todo esto, de lo contrario me volveré loco – dijo Henrique.

– Ciertamente, Henrique – respondió Virgilio –. Dejo aquí unos libros que traje que hablan del tema; lee para que entiendas, porque cuando sabemos, dominamos y se acaba el miedo.

– ¿También pasaste por esto? – Angélica quiso saber.

– Yo era un niño diferente desde pequeño, recibía mensajes de familiares muertos, a los que llamamos desencarnados. Los oía y a veces los veía, tenía miedo, pero mi madre creía en mí. Aunque teníamos otra religión, me llevó a tomar pases. Curioso, aprendí. Cuando tenía diecinueve años comencé a estudiar todas las religiones y me gustó el Espiritismo.

Comprendí que como ya lo dice el nombre, religión significa reconectar, unir al hombre con Dios. Todos tienen buenos principios, enseñan a hacer el bien y a evitar el mal. Pero cuando estudiaba el Espiritismo, me maravillaba con las leyes de la reencarnación y las leyes de causa y efecto.

Entendemos la justicia divina cuando entendemos que tenemos muchas oportunidades de nacer de nuevo en la Tierra para evolucionar, y eso de causa y efecto, que hagamos lo que hagamos, bueno o malo, tendremos un retorno. Y fue la Doctrina Espírita la que me explicó lo que me sucedía; me hice espírita y estoy muy feliz por eso. Fue en un Centro Espírita que conocí a Silze y nos enamoramos; ella es médium, trabajamos juntos y hemos educado a nuestros hijos en el Espiritismo.

Por la noche, después de la cena, Virgilio invitó a todos a sentarse en los cómodos sillones de la sala para realizar el Evangelio en el hogar[6].

---

[6] Evangelio en el hogar: Encuentro realizado para la oración y el estudio de El Evangelio según el

– Los Evangelios contienen las enseñanzas de Jesús, nuestro Divino Maestro, que vino a encarnarse entre nosotros para enseñarnos. Ustedes deben tener el hábito de leer, estudiar y reunirse una vez por semana para hacerlo juntos. Uno lee, comenta y luego rezan.

Silze abrió *El Evangelio según el Espiritismo*, de Allan Kardec, y empezó a leer la página abierta. Del capítulo cuatro:

"Nadie puede ver el reino de Dios a menos que nazca de nuevo", y en el punto veinticinco:

"Necesidad de la Encarnación."

Todos prestaron mucha atención. Fabiana comentó:

– ¡Interesante! ¡Tiene lógica!

– Parece que siempre lo pensé. Mientras escuchaba, sentí que conocía el tema – expresó Angélica.

– La comparación que se hizo sobre el alumno fue muy buena. En efecto, si cada encarnación es un año de estudio que hay que hacer, la persona activa es quien lo aprovecha y no repite la lección. ¡Disfrutaré leyendo este libro! – dijo Henrique emocionado. Osvaldo estaba en la

---

Espiritismo. Se realiza siempre el mismo día de la semana y a la misma hora para facilitar la presencia de los amigos espirituales.

habitación, vio a diferentes personas, pero tenía tanto sueño que ni siquiera podía ver quiénes eran.

Cayó en un sueño lento, escuchó el Evangelio y volvió a dormirse. Después de algunos comentarios, oraron. A todos les gustó y prometieron que un día a la semana se reunirían para rezar juntos y estudiar el Evangelio.

Se fueron a dormir. Al día siguiente, temprano, pasearon, fueron a la ciudad y por la tarde, como Virgilio lo había coordinado con Roberto, se juntaron en una pequeña sesión de desobsesión para hablar con los desencarnados involucrados con esa casa.

– No suelo hacer eso, se recomienda que estas sesiones se realicen en los Centros Espíritas, que es el lugar adecuado. Pero pedí permiso a mis mentores del Centro y me recomendaron hacerlo aquí y vendrán a ayudarnos[7].

Dinéia también quiso participar. Se reunieron en la sala de estar, alrededor de la mesa. Virgilio oró por protección:

---

[7] Se recomienda que la desobsesión se realice siempre en un Centro Espírita por la protección y el campo vibratorio que allí existe. Excepcionalmente, con preparación y cuidados previos, la desobsesión puede realizarse en otro lugar. Ver *El Libro de Médiums*, capítulo 23.

– Estamos aquí reunidos en el nombre de Jesús y le pedimos protección y apoyo en el trabajo que vamos a realizar. Permite, Señor, que los buenos espíritus se hagan presentes y nos guíen. Danos la inspiración para ayudar mejor a estos hermanos nuestros que sufren, ayúdanos para que podamos ser vehículos de esa ayuda. Padre Nuestro...

Carmelo y otros compañeros ya habían organizado todo. Buscaron a Irineo en el Valle de los Suicidas, en el Umbral[8] Irineo se sintió aliviado al salir del valle, comenzaba a arrepentirse de su desconsideración. Reconoció la casa, lloró y luego guardó silencio como se le pidió.

---

[8] Umbral es un lugar en el plano espiritual donde se establecen los desencarnados quienes no merecen o no quieren vivir en planos elevados. El Valle de los Suicidas es un lugar en el Umbral donde van aquellos que mataron sus cuerpos físicos. Al cometer este acto, la primera decepción es que todavía están vivos, porque no pueden matar el espíritu, el verdadero yo. Hay muchos valles esparcidos por la Tierra. Allí la estancia no es eterna, sino pasajera, y ese tiempo depende de muchos factores; cada uno se queda el tiempo que sea necesario. Es un lugar de sufrimiento: aquellos que transgreden las leyes divinas están fuera de armonía y necesitan armonizar, y los el dolor es una gran lección. Pero en todas partes hay ayuda, hermanos ayudando a los demás. Y en el Valle de los Suicidas también está esa bendición, y los suicidas tienen nuevas oportunidades de ayuda y reencarnación.

Leda vagaba por la Umbral; fue invitada a ir a la casa del acantilado por un trabajador del grupo.

– ¿Qué voy a hacer allí? Nunca volví.

– Necesitas orientación, ha pasado un tiempo desde que desencarnaste. ¿No quieres cambiar tu vida?

– He estado cansada, a veces pienso que lo mejor sería olvidarme de todo. ¡Me siento culpable! Está bien, iré contigo.

Llegó a casa, miró todo, nostálgica. Todo estaba modificado; cuando vio a Irineo, se compadeció. Su esposo estaba cambiado. Tenía una herida en la oreja que sangraba, estaba sucia, fétida, se miraron un momento y ambos lloraron. Osvaldo fue despertado y llevado a la otra habitación, donde estaban reunidos; se quedó en un rincón.

Se sobresaltó al ver a los dos ahí, quiso irse, estaba detenido, así que se quedó callado, observando todo.

Acercaron a Irineo a Silze, que estaba de pie junto a ella, a unos veinte centímetros de distancia. Los buenos trabajadores que estaban allí para ayudar ayudaron a este intercambio para que, a través de la mediumnidad de Silze, pudiera sentir la energía de un cuerpo físico y escuchar la orientación. Empezó a hablar emocionado y la médium lo repitió.

– ¿Cuánto tiempo ha pasado? ¿Muchos años? ¿Un siglo?

– Fueron dos décadas y media, mi hermano – respondió Virgilio, que les hablaría.

– Aquí todo se modifica. Pero ¿por qué vinieron a buscarme?

– Mi amigo, ¿no te arrepentiste de lo que hiciste? Has sufrido mucho, ¿por qué no le pides perdón y ayuda a Dios, nuestro Padre? – Dijo Virgilio.

– Fui imprudente, cometí muchos errores, creí en el ser amado que me traicionó, maté a su asesino, no verifiqué lo que le había pasado a mi hijita y me suicidé. ¡Qué vergonzoso! No debí haber hecho eso, ni matarlo a él ni a mí – dijo Irineo, y los encarnados escuchaban a Silze, que repetía palabra por palabra lo que decía.

– ¿Los perdonaste? – Preguntó Virgilio.

– Sí, porque yo también necesito el perdón.

– Amigo, piensa en Jesús bendiciéndote y vamos a ayudarte.

Irineo recibió buenos fluidos y uno de los desencarnados estaba allí para ayudar a cerrar su herida[9], acabando con el dolor. Irineo respiró

---

[9] El espíritu cierra la herida aplicando energía fluidica, ya que actúa sobre el periespíritu y no sobre un cuerpo carnal.

aliviado y lloró; esta vez su llanto grito fue de agradecimiento. Tranquilo y agradecido, fue apartado de la médium.

Leda lloró al escuchar la historia de su ex esposo. La acercaron a Silze y por el mismo proceso habló con Virgilio.

– ¡Tú aquí, Carmelo! – Exclamó Leda, y Silze lo repitió. Después de unos segundos ella siguió hablando.

– ¡Me siento culpable, no merezco ayuda! Me desencarné de una manera brutal, nunca pensé que me pasaría esto, no pensé en la muerte, era joven, sana, feliz. Todo lo que pasó me pareció, durante mucho tiempo, como una pesadilla, un mal sueño del que despertaría. Me pregunté: ¿por qué yo? ¿Eso realmente sucedió? En cuestión de segundos todo había terminado. Entonces llegué a la conclusión que es aun así, somos, y por un momento ya no somos. ¡Esto le pasa a tanta gente!

La ilusión es falsa, parece que todo va bien, algo pasa y se desmorona, todo acaba. No pensé que ese sirviente, un simple jardinero, tendría la osadía de dispararme, pero lo hizo y todo cambió. Pero pasó el tiempo y me acostumbré a Umbral, hice amigos y traté de aprovechar lo que me ofrecían. Fue allí mismo y fuiste cruel al traerme aquí y verlo a él, mi esposo, en ese estado.

– ¿Por qué nunca fuiste a verlo? – Preguntó Virgilio.

– Pensé que me odiaba. Después, solo pensaba en mi hija – respondió Leda.

– ¿Has oído hablar de ella? – Preguntó el guía encarnado.

– Me dijeron que la ayudaron los buenos espíritus que apoyan a los niños y no me preocupé. Quería olvidarme de todo y me quedé allí, en el Umbral.

– Hermana mía, aquí estamos para que te reconcilies. Dime, ¿qué has estado haciendo con tu vida? ¿Estás feliz? – Preguntó Virgilio.

– No estoy haciendo nada digno. Cuando encarnada hice mucho; desencarnado, seguí viviendo entre fiestas y orgías, pero eso ya no me satisface. Ahora que vi a mi esposo, me di cuenta de cuánto lo lastimé, él mató y murió por mí y ni siquiera estábamos juntos.

– Leda habló con sinceridad. Suspiró y preguntó:

– ¿A dónde lo llevarán?

– A un hospital donde se ayuda a ex suicidas.

– ¿Puedo al menos ayudarte?

– Puedes visitarlo, en cuanto a ayudar, ¿sabes cómo? ¡No! Pero puedes aprender a ayudar a los que son como él y otros. Pide perdón y perdona – pidió Virgilio.

– Pido perdón y no tengo nada que perdonar. Ese pobre que me mató también murió y ha sufrido mucho. Además, jugué con sus sentimientos – dijo Leda.

– También serás llevada a un lugar de rescate.

– ¡Gracias!

Dejó el lado de la médium y se paró junto a un rescatista, con lágrimas corriendo por su rostro. Era el turno de Osvaldo, quien estaba emocionado, nunca pensó en conocer a sus ex jefes. Lo apenó ver el estado de Irineo y las palabras de Leda. Se arrepintió profundamente y trató de no llorar. Como no decía nada, Virgilio le preguntó:

– ¿Tú, amigo, eras tú el que lo perseguía?

– Soy yo, señor – respondió Osvaldo y Silze lo repitió.

– ¿Por qué?

– Me impidieron salir. Tengo que quedarme aquí para siempre y no quiero compañía, a nadie en la casa.

– ¿Por qué tienes que quedarte aquí? – Preguntó Virgilio.

– ¡Porque soy un asesino! Yo maté a ese. Pero yo no maté a la niña. ¡No es lo mismo! Bajó las escaleras, me vio en la habitación, corrió hacia el lado peligroso del acantilado, corrí tras ella para atraparla, para evitar que se cayera, y eso fue lo que pasó, se cayó y murió. Pero sus padres no deben preocuparse por ella, Fátima está bien, nació de nuevo, es hermosa y amada – dijo Osvaldo.

– ¿Te arrepentiste?

– Sí, señor, lo lamenté y sufro por ello. Si tuviera la oportunidad de volver, todo sería diferente, no mataría a nadie. Pero nada vuelve, ¿verdad? Si volviera, no haría más esta porquería. ¡Esto duele! Y siempre estoy pensando: Si hubiera hecho eso, esto no hubiera pasado... Siempre el si. Pero fue solo un momento, lo hice y ya está hecho y no hay reparación. ¡Qué cosa! ¿Alguna vez has pensado en ello? Un error, un descuido y se hace lo irreparable, pasa un accidente, uno se mata, uno se cae...

– Amigo, ya no tienes que quedarte aquí. Pide perdón y ven con nosotros, aprenderás a vivir como un desencarnado y a pensar en tu vida futura.

– Dijeron que me perdonaron, gracias. Pido perdón de rodillas, pero me cuesta perdonarme. Pero ¿puedo salir de aquí? Lo he intentado y no he podido – dijo Osvaldo.

– Ahora, con nuestra ayuda, tú puedes – dijo Virgilio.

– ¡Gracias! Quiero ir contigo, tal vez renacer como Fátima, en otro cuerpo, y olvidarme de todo, pero ¿por qué ustedes vinieron aquí? Tantos tipos sin cuerpo.

– Vinimos a ayudar a esta familia – respondió Virgilio.

– Yo también les hice daño, ¿no? ¡Pobre chico! Les pido disculpas. Si no puedo salir de aquí, no los perseguiré más – dijo Osvaldo.

– ¡Te marcharás! Tú eras el que se retenía. Sintiéndose culpable, te castigaste quedándote atrapado aquí. Pero ahora se acabó, pediste perdón y fuiste perdonado, todos comenzarán una nueva vida.

Fue retirado del médium y Carmelo aprovechó para hablar por Silze, dando algunos datos:

– Mis amigos, ahora están libres de los extraños fenómenos que ocurrieron en esa casa. Vieron que todo tiene una explicación, todo lo que pasó fue porque aquí estaba un desencarnado, sin orientación, sintiéndose atrapado por la culpa, no quería que nadie viviera aquí, hizo esto para que se fueran. Pueden descansar tranquilos y ya no necesitan mudarse.

Orientado, se fue y nunca volverá. Y aprovechen que esta pareja amiga está aquí y traten de adquirir información que les ayude a entender lo que pasó y que evitará muchas dificultades futuras, porque tanto Roberto como Henrique son médiums.

Les deseo a todos mucha paz y tranquilidad, en el nombre de Jesús.

Se despidió, Virgilio oró agradeciéndole y terminó esta pequeña, pero muy provechosa sesión.

Cuando terminó, Dinéia suspiró aliviada.

– Virgilio, según tengo entendido, el jardinero que asesinó a la señora de la casa estuvo aquí e hizo todo eso porque quería que nos mudáramos. Y quien, ahora orientado, partió hacia otro lugar y somos libres de este tormento.

– Así es, Dinéia – aclaró Virgilio –. Se sentía atrapado aquí y quería estar solo. Aprovechando los fluidos de Henrique y Roberto, pudo hacer los ruidos, mover objetos. Ahora, ayudado, vivirá dignamente, aprendiendo a progresar.

– ¿Quién lo retuvo aquí? ¿El dueño de la casa? – Dinéia quiso saber.

– Cuando el antiguo dueño lo mató, le dijo que se quedara aquí para siempre. El jardinero, sintiéndose culpable, se quedó. Él pensó que debía estar, por su delito, en una cárcel, y de aquí hizo la suya, como el otro le había mandado. Estaba atrapado por su conciencia. Se castigó a sí mismo – respondió Virgilio.

– Vamos a dormir, estoy cansada – dijo Silze.

Fueron a sus habitaciones. Los visitantes durmieron pronto, Roberto y Dinéia aun hablaban un poco más.

– Roberto, nunca pensé que fuera posible hablar con los muertos.

– Dinéia, es desencarnado como se debe decir, porque nadie muere realmente, el cuerpo físico detiene las funciones vitales, pero la gente sigue viva y vivirá en otro lugar.

– Pareces interesado. ¿Te gustó? – preguntó Dinéia.

– ¡Me gusta! Sentí todo muy real, parece que ya lo sabía. ¡Seré espírita! Hace mucho que extraño estar conectado a una religión y el Espiritismo me parece racional. Para todo lo que quieres saber, tienen explicaciones lógicas.

– Si Henrique se mejora, no está muy enfermo, iré contigo y, si entiendo, también me haré espírita – decidió Dinéia.

Los dos oraron agradeciendo a Dios y pidiendo paz a todos, y luego se fueron a dormir.

Cuando Virgilio cerró la sesión, Carmelo y sus amigos desencarnados los llevaron a los tres a la Colonia espiritual, y antes que los llevaran a su lugar, pudieron conversar, estar juntos por una hora. Leda se quedó cerca de Irineo y dijo en voz baja.

– ¿De verdad me perdonaste? Te traicioné, no fui digna de tu nombre, de tu amor.

– Es mejor olvidar, he sufrido mucho. Te amé con pasión, ahora quiero tenerte como hermana.
Lo que me importa es que Fátima está bien.

Osvaldo intervino en su conversación.

– ¡Todo por mi culpa! ¡Yo empecé todo!

– Sí, eras culpable, pero no era lo peor – dijo Irineo –. Leda me traicionó, tenía dos amantes, y cuando me enterara seguramente la mataría y, pensando que no podría vivir sin ella, terminaría suicidándome. De cualquier manera, sería una tontería. No aceptaría ser traicionado y ni vivir sin ella.

– Creo que fui la peor – dijo Leda con tristeza –. Actué mal, fui frívola, provoqué a Osvaldo y lo desprecié, fui yo quien lo inició, quien cometió el error primero.

– Irineo tiene razón, ya hemos sufrido mucho y es mejor olvidar. Lo que importa es que nos perdonemos y tendremos la oportunidad de volver a empezar, como nos dijo aquel caballero encarnado – expresó Osvaldo.

– Empecemos de nuevo sin remordimientos y quiero aprender a amar de la manera correcta – dijo Irineo, decidido.

Osvaldo fue a la escuela de una Colonia a estudiar y trabajar, a prepararse para reencarnar para tener la bendición del olvido.

Irineo fue a una Colonia espiritual, una de las muchas que existen para la recuperación de ex suicidas, donde aprendería a valorar la oportunidad de vivir por un tiempo en un cuerpo físico. También fue a estudiar y trabajar.

Leda pidió quedarse cerca de Irineo, fue a una Colonia cercana a la suya, a estudiar, a trabajar, y lo visitaba a menudo.

La pareja supo que Fátima se reencarnó y que ahora era Fabiana. No se les permitía visitarla, pero saber que ella estaba bien los tranquilizó.

Esa noche Henrique durmió placenteramente, tranquilo como hacía mucho tiempo que no lo hacía. Carmelo aprovechó para hablar con él cuando estaba dormido, para darle confianza.

– Intenta, Henrique, saber qué pasó. Cuando conocemos el tema, dominamos nuestro miedo. Entendiendo, todo se vuelve más fácil.

Otro día, después del desayuno, Henrique se acercó a Virgilio.

– Virgilio, ¿por qué vi y oí el fantasma?

– Porque tienes mediumnidad, sensibilidad a ella.

– ¿Cómo es eso? – preguntó Henrique.

– Sí, como nosotros – respondió Virgilio.

– ¿Por qué sucedió esto aquí? – Preguntó Fabiana.

– Traje algunos libros conmigo, y si quieres, te los dejo para que los leas. Este es un libro del codificador de la Doctrina Espírita, o sea, estudió estos fenómenos que siempre existieron y los explicó de una manera fácil, para que pudiéramos entenderlos. y *El libro de los Médiums*, de Allan Kardec; tenemos en el noveno capítulo "Lugares embrujados."

– Léenos, por favor – pidió Angélica.

Virgilio leyó el capítulo muy interesante, en la novena pregunta A. Henrique entendió que el desencarnado que estaba allí en la casa estaba preso allí porque había cometido un delito y se sentía castigado. Debe ser horrible no poder olvidar las malas escenas y tener siempre el recuerdo de tu error atormentándote. Así como se interesó en las preguntas doce y trece. Incluso interrumpió a Virgilio.

– Entonces, para expulsar a los malos espíritus, ¿es necesario atraer a los buenos? Y para tener los buenos por compañía hay que mejorar. ¡Parece fácil! ¡Me gustó!

Virgilio sonrió y siguió leyendo, ya que todos estaban muy interesados.

– Por favor vuelve a leer los últimos párrafos, me pareció muy interesante – pidió Angélica.

Virgilio leyó:

– Como se explicó anteriormente, hay espíritus que se aferran a ciertos lugares y preferentemente permanecen allí, pero no necesitan manifestar su presencia a través de efectos sensibles.

Cualquier ubicación puede ser la dirección obligatoria o preferida de un espíritu, aunque sea malo, sin haber producido jamás manifestación alguna.

Los espíritus que se aferran a lugares o cosas materiales nunca son superiores, pero por no ser superiores, no tienen por qué ser malos ni tener malas intenciones. Son incluso, a veces, más útiles que compañeros dañinos, porque si se interesan por las personas, pueden protegerlas.

Y terminó:

– Puedes leer estos libros, aprenderás mucho.

– Comenzaré de inmediato – dijo Henrique – . Si puedo entender todo lo que me pasa y si es posible vivir con, bueno, con eso, lo haré con mucho gusto. ¡Es un alivio no estar enfermo!

– La mediumnidad no es una enfermedad, Henrique – dijo Silze sonriendo –. Soy médium, soy genial, me siento bien y feliz ayudando a los demás con ella. Pero ahora eres demasiado joven para hacer lo que yo hago.

Te facilitará la vida si ahora comprendes, ir a un Centro Espírita; todo sucederá naturalmente.

– ¡Conseguiré esto! – exclamó Henrique, feliz.

Curiosamente, le hicieron algunas preguntas. Virgilio y Silze respondieran aclarando, quedándose toda la mañana hablando.

– ¡Qué egoístas somos! Virgilio y Silze también vinieron a descansar, pasear y los dejamos en casa toda la mañana – dijo Dinéia.

– Vinimos aquí con el objetivo de ayudar y aclarar y estamos contentos con su interés – dijo Virgilio, amablemente.

– Bueno, vamos a almorzar, luego te llevamos a ver el acantilado y por la tarde vamos a nadar – dijo Dinéia.

Todos aprobaron y fueron a almorzar.

En la playa, Virgilio se alejó un poco del grupo y se encontró con un señor y comenzaron a conversar. Cuando se reencontró con sus amigos, Roberto dijo entre risas:

– Ya has hecho amigos aquí. Ese señor es muy simpático, es cliente del banco.

– Es espírita – respondió Virgilio –. Ya sé de un buen Centro Espírita para que vayas si realmente quieres asistir. Hay una reunión esta noche y te invito a que vengas conmigo, porque iré.

– Lo haré – respondió Roberto.

Las ocho en punto estaban en el Centro. Roberto miró todo, aprobándolo. Eran solo ellos dos, las mujeres se habían quedado en casa. La reunión consistió en una conferencia y pases posteriores.

A los visitantes les gustó y luego se quedaron platicando con el supervisor de la casa, quien salió a saludarlos. Así conocieron las actividades del Centro. Al salir, Roberto le comentó a su amigo:

– ¡Vaya, qué bien nos recibieron! Vendré a estas conferencias y quiero participar en el grupo de estudio, ciertamente para principiantes. Se sintió tan bien recibir el pase.

– ¡Qué bueno, Roberto, verte emocionado! Seguro que lo disfrutarás y aprenderás mucho.

Roberto contó en su casa todo lo que vio y escuchó. Toda la familia decidió ir al Centro Espírita.

La estancia de Silze y Virgilio fue un placer para los habitantes de la casa. Hablaron mucho, pero era hora de irse; se despidieron. Virgilio prometió ayudarlos cuando lo necesitaran, y a Henrique, que respondería preguntas por teléfono. La pareja se fue feliz tanto por haber ayudado a sus amigos como por los días tranquilos que pasaron allí.

Y la casa se veía diferente, el ambiente era más agradable. Angélica exclamó:

– ¡Parece que esta casa está más bonita y alegre! – Y ella tenía razón.

Unos días después, Angélica tuvo que ir al médico y someterse a pruebas. Los padres la acompañaron.

Se quedaron en casa de su abuela materna.

Después de hacer todos los exámenes, Roberto volvió, tenía que trabajar. Dinéia se quedó con su hija, aprovechó para visitar amigos y familiares, además de algunos clientes.

Angélica no tuvo valor para irse, estaba asustada y ansiosa. Angustiada, esperó los resultados. Vio a unos amigos y recibió visitas Se quedó en silencio y se esforzó por no estar triste o que se notara que estaba preocupada. Los acompañaba Carmelo, quien gustaba de Angélica, y cuando ella rezaba le daba fluidos, transmitiéndole sus buenas energías.

Durante días esperaron el resultado. Carmelo la observaba, tan joven y ya había pasado por una experiencia difícil. Pidió a sus consejeros en la Colonia que averiguaran el motivo de la enfermedad y se le concedió el permiso y se enteró de la historia de Angélica.

En su encarnación anterior, seguramente con otro nombre, pero que la seguiremos llamando Angélica, porque el nombre no importa, es una designación para ser reconocida en una existencia. Vivía en un pequeño pueblo en el campo, hija de padres pobres pero muy honestos, tenía muchos hermanos, estudió solo tres años en la escuela, pero le gustaba leer, era romántica y esperaba conocer a su príncipe azul, un guapo, inteligente joven que amar mucho. Soñó, idealizándolo.

Pero su padre la comprometió en matrimonio a un hijo de su amigo. No la obligó a casarse, pero hizo todo lo posible para que se conocieran, salieran juntos. Marcílio no se parecía en nada a lo que ella idealizaba. No era feo, pero tampoco creía que fuera guapo. Trece años mayor que ella, era responsable, sencillo y poco romántico. Ella fue influenciada y cuando se dio cuenta, estaba comprometida para casarse.

– Madre – se quejó –, no sé si lo amo y si quiero casarme con él.

– Bueno hija, tienes dieciséis años, llevas ocho meses saliendo y él es bueno, tiene un gran trabajo y le gustas. ¿Qué más? Deja de hacerte la tonta, el amor no existe, solo quieres el bienestar.

Con los años aprenderás a quererlo.

Angélica lloró mucho, no sabía qué hacer; se deja llevar y a todo lo que se le pone fecha llega; llegó el día de su boda y se casaron en una sencilla ceremonia.

Trató de adaptarse, cuidó la casa lo mejor que pudo; un año después nació su hijito, y cuando cumplió dos años, nació el segundo. Eran dos niños hermosos, fuertes y saludables.

Marcílio era maquinista, trabajaba conduciendo un tren, viajaba mucho y Angélica estaba muy sola, dedicándose mucho a sus hijos.

Debido al trabajo de su esposo, tuvieron que mudarse a un pueblo un poco más grande, pero no lejos de donde vivían sus padres.

Pronto se acostumbró a esa ciudad. Aunque su esposo estaba mucho fuera, se hizo amiga de los vecinos, vivían en la casa de la empresa, todos trabajaban allí en el ferrocarril.

Un día ella, dejando a sus hijos con un vecino, fue de compras. Solían intercambiar favores así mucho. Al pasar por una calle adoquinada, tropezó, no cayó, pero una de las bolsas, esparció fruta por el suelo. Un hombre se mostró solícito en ayudarla. Sostuvieron la misma naranja y se miraron. Por segundos se quedaron quietos, encantados uno con el otro. Con todo de vuelta en la bolsa, el hombre, que era joven como ella, preguntó:

– Buenos días, soy Fabio, vivo poco tiempo en la ciudad. ¡Mucho gusto! ¿Te lastimaste?

– ¡Buenos días! No me lastimé. Gracias por ayudarme. Mi nombre es Angélica.

Se quedaron mirándose el uno al otro, sin atreverse a alejarse. Pero fue ella quien, sonriendo, se alejó.

Estos pocos minutos fueron suficientes para enamorarse, o mejor dicho, pensar que estaban enamorados, uno solo pensaba en el otro. Angélica, avergonzada, no podía olvidarlo, era el príncipe con el que siempre había soñado.

Trató de prestar atención a los niños, a las tareas de la casa, pero no sirvió de nada, no dejaba de pensar en él todo el tiempo. Empezó a salir más con la esperanza de volver a verlo. Y lo vio cerca del almacén donde estaba comprando. Ella estaba con los niños y solo se miraban. Le preguntó al dueño de la tienda quién era.

– Es un extraño. Trabaja en el correo, en la oficina, está casado y tiene hijos. Y también es mi cliente, parece ser correcto, me paga bien.

Quería ir a la oficina de correos, pero le daba vergüenza, pero se explicó, era un lugar público y tenía que llevar cartas. Empezó a escribir a viejos amigos y parientes, empezó a ir mucho a la oficina de correos. A veces lo veía, se miraban.

Meses después de ese encuentro, luego del tropiezo, Angélica recibió una nota. Un chico llamó a su puerta.

– ¡Señora, vine a darle esto!

Puso un papel doblado en su mano y salió corriendo.

Angélica cerró la puerta, abrió la nota, con el corazón acelerado.

Leyó y releyó innumerables veces.

– *"Angélica, ven a conocerme. Necesito hablar contigo. Esta tarde, a las tres, en la casa abandonada del cerro. Por favor, ven. Fabio."*

El papel parecía quemarle las manos.

– "¡No debería ir! ¡No puedo! ¿Pero qué tiene que decirme?

No tenemos nada que decir, pero ¿por qué tanto problema? Es solo una cita. Creo que voy a…"

Decidió ir, su esposo no estaba, regresaría al otro día, por la noche. Le pidió a la vecina que se quedara con sus hijos, se arregló, pero sin llamar la atención, y fue a la reunión.

Tuvo que caminar durante casi media hora. El lugar escogido para la reunión estaba alejado de la ciudad, por la carretera y luego por un atajo, y allí estaba la casa abandonada que se encontraba a pocos metros de un gran lago. Allí no había movimiento, el lago era más frecuentado del otro lado, donde se hacían picnics y los pescadores intentaban pescar.

Con el corazón desbocado, se acercó a la casa.

– ¡Angélica! ¡Por aquí! ¡Me alegro que hayas venido!

Fabio la tomó de la mano, la condujo al interior de la casa, la invitó a sentarse en un banco de madera limpia y, al lado, en el piso, en una botella había flores muy hermosas.

– Te traje flores... – dijo Fabio.

– ¿Cómo llegaste aquí? ¿La casa no está cerrada? – preguntó Angélica.

– Quédate, hice una llave. Antes de conseguir mi trabajo en la oficina de correos, era cerrajero. Esconderé la llave en la esquina derecha del techo, si necesitas venir aquí, solo tómala. También limpié la casa con la esperanza que vinieras.

Estaban callados mirándose el uno al otro.

– Angélica, te amo, no te puedo olvidar.

Eso fue suficiente para que ella se dejara abrazar y besar. Se entregaron a la pasión. Entonces

Angélica vio que había preparado todo, en una de las habitaciones de la casa había un colchón en el suelo.

Estaba avergonzada, pero se sentía feliz.

– ¡Por favor, ven más seguido, te amo! – Preguntó.

Acordaron reunirse siempre que fuera posible. Tendrían que tener cuidado, estaban casados. Ya no iba tanto a la oficina de correos para evitar comentarios. Se reunían en esa casa durante la semana, cuando el lago no era muy visitado y cuando Marcílio estaba fuera. Angélica era consciente que lo que estaba haciendo no estaba bien.

Trató de estar como siempre, pero después de conocer a Fabio, la presencia de su esposo se hizo casi insoportable. Amaba a Fabio como en sus sueños imaginaba amar, como su príncipe azul. No podía pasar sin verlo e hizo todo lo posible para encontrarlo. A menudo dejaba a sus hijos con los vecinos, pero también los dejaba encerrados en casa. Se reunían a veces por la noche, dejando a los niños durmiendo. Salía de la casa a escondidas, caminaba en la oscuridad, a veces tenía miedo, pero el ansia de ver a su amado era mayor. Fabio le mintió a su esposa, diciéndole que tenía que trabajar de noche. Temiendo que los vecinos sospecharan, a veces tomaba a los niños y los dejaba jugando afuera de la casa, mientras ella se quedaba con Fabio adentro. Sabía que era peligroso, pero aun así los dejaba.

Reconoció que estaba haciendo algo mal, a veces quería terminar con eso, pero no tuvo el coraje.

Realmente amaba a Fabio.

Y fue en una de esas reuniones donde llevaba a los niños, dejándolos fuera de la casa, que al salir, no los encontró. Los buscó. Fabio incluso ayudó, pero pronto se detuvo, se disculpó, tuvo que irse. Angélica se quedó sola, gritó por ellos, asustada se acercó a la orilla del lago, vio una sandalia en la orilla y una marca en la tierra con sus piececitos, como si estuvieran entrando al agua.

Desesperada, sin saber qué hacer, comenzó a llorar.

– "Me voy a casa, tal vez ellos fueron allí. Sabían el camino, vinieron muchas veces. Eso es todo, se fueron."

Esperanzada, echó a correr, pero la casa estaba vacía, sin niños. Con su llanto, los vecinos corrieron.

Se lo contó a sus amigos que, amablemente, vinieron a ayudar.

– Los llevé a caminar por el lago, me distraje y desaparecieron.

– Te distrajiste con él, ¿no? Con tu amante! Dijo uno de los vecinos, y Angélica entendió que muchos lo sabían.

Pero ellos la ayudaron, fueron a buscarlos. Como no los encontraron, concluyeron que fueron al lago y se ahogaron. Oscureció y cesaron las búsquedas, telegrafiaron a Marcílio informándole. A Angélica la sedaron para que se quedara en la cama, durmió y despertó cuando empezó a clarear, estaba desesperada. El esposo había regresado, solo la miraba, ella entendió que ya lo sabía todo, no dijo nada. Salió con los demás; se sumergirían en el lago para ver si podían encontrar a los niños. Se quedo sola en casa, no sabía qué hacer, los vecinos miraron, desaprobando. Uno de ellos incluso dijo:

– ¡Madre desnaturalizada! ¡No mereces ser madre! ¡Si querías prostituirte, por qué arriesgar la vida de tus hijos! ¡Si están muertos, eres tú quien los mató!

Todos la miraron de acuerdo. Entró en la casa y estaba sola. Era la tarde cuando escuchó:

– Los encontraron a ambos muertos en el lago, ahogados.

Sintió tanto dolor que se desmayó. Se despertó cuando su esposo le dio una bofetada en la cara.

– ¡Despierta! ¡Ven a ver a nuestros niños muertos! ¡Murieron por tu imprudencia! Ni siento el dolor de un marido traicionado. ¡Te culpo! Deberías haberte ido con él, pero no arriesgar la vida de dos inocentes. ¡Te desprecio! Podría matarte, todos lo entenderían, ni siquiera me arrestarían. Pero prefiero que vivas y mueras poco a poco con remordimiento, este dolor duele más. Ni siquiera quiero golpearte. ¡Vamos, vístete! Veremos a nuestros hijos muertos, los enterraré, no podemos esperar más. ¡Pronto oscurecerá!

Marcílio estaba cansado, abatido, sufría mucho. Angélica se cambió de ropa, lució ajena, no lloró, acompañó a su esposo, caminó junto a él y se dirigieron al cementerio. Los niños yacían uno al lado del otro en ataúdes blancos. Uno tenía cuatro años y el otro dos, pronto tendría tres. Las lágrimas corrían por su rostro, yacía inmóvil junto a los ataúdes. Había mucha gente, curiosos y familiares que acudían, nadie la saludaba, solo mimaban a su marido. Angélica no supo decir cuánto tiempo permaneció allí, cerraron los ataúdes y los enterraron. Cuando terminó, una de sus hermanas se acercó a ella.

– ¡Vamos a tu casa!

Caminó, parecía que no era ella, estaba atónita. Se sentaron en la sala de estar. Marcílio dijo:

– Me voy, me mudaré a otra ciudad. Dejaré la casa y me llevaré todos los muebles.

Seguro que iré solo. Estoy sufriendo mucho.

Angélica escuchó palabras de consuelo dirigidas a su esposo. Ni siquiera levantó la vista, estaba en silencio. Marcílio volvió a decir:

– ¡Quiero decir, contigo aquí presente, mi familia y la de ella, que ya no quiero a Angélica, que la ahuyento!

¡Fuera, Angélica! ¡Fuera de esta casa honorable que no supiste valorar, que deshonraste!

– ¡Te entiendo, Marcílio, y te pido disculpas! ¡Tienes razón!

Angélica debe salir de aquí y olvidar que tenía familia, porque ya no la tiene. Si yo tenía una hija que se llamaba Angélica, se murió y la enterramos con mis nietos.

Escuchó a su padre y una hermana, que estaba a su lado, la jaló del brazo.

– ¡Vamos! ¡Vete!

Angélica se levantó, miró a su madre, intercambiaron una mirada por unos segundos, la madre bajó la mirada, se fue. Afuera de la casa estaban algunos vecinos que la miraban, aprobando la actitud de su esposo. Con la cabeza gacha, se alejó de la casa, y como atraída por la casa abandonada.

Entró, se sentó en el colchón en el suelo y se quedó allí hasta que, cansada, se durmió.

Despertó con la luz. Se acordaba de todo y lloraba mucho. Estaba débil, hacía muchas horas que no comía, se levantó, fue al lago y bebió agua, volvió a la casa y estaba tranquila. Miró el lugar, allá afuera tan feliz, el lugar de sus encuentros, de su error que resultó en la muerte de sus hijos. Siempre les pedía que no se alejaran, que no se acercaran al agua, eran obedientes, no entendía por qué se habían ido.

Tal vez querían jugar, meterse en el agua. Pero ahora ya no importaba, estaban muertos.

Allí estaba la puerta, el escondite donde ella y Fabio habían acordado dejar notas. Metió la mano en el hueco y allí había un papel.

– *"Angélica, lamento mucho lo que pasó. Sufro por ti. Digo adiós. Me voy con mi familia lejos.*
Rehaz tu vida. No te olvidaré, tu recuerdo siempre estará conmigo. Te abrazo. Fabio."

Rompió la nota y, al ver una cerilla, le prendió fuego

En el papel, lo entendió, no lo guardaría en su contra. Ella lo amaría para siempre. Pensó que era correcto que se fuera, tenía hijos y deberían tener a su padre cerca para protegerlos. Ella no tuviera más propios para amar, no había sabido cuidarlos. Ellos eran culpables, pero ella lo era más.

Se sentía muy sola, quería a sus hijos y lloraba.

– ¡Angélica!

Fue una de sus vecinas, quien se llevó las manos a la cabeza.

– Te traje algo de comer, supuse que estarías aquí. ¡Con él!

– ¿No estás disgustada conmigo?

– ¿Por qué lo haría? Me escondí, no quiero que lo sepas. Si mi esposo se entera, podría golpearme. Según te entiendo, te casaste con un hombre mucho mayor, que no te dio atención, estaba lejos de la familia. Luego conociste a un joven como tú y fue una tentación. No entiendo por qué dejaste a los niños sueltos aquí si era peligroso. ¿Qué vas a hacer ahora?

– ¡No lo sé! ¡Quiero morir!

– No hagas eso, por más grande que sea tu sufrimiento, no será un tercio si te suicidas.

Además, tus hijos, los dos angelitos, se han ido al cielo y tú irás al infierno. Tu marido se muda, dice que te deja la ropa, yo te la paso, mañana te la traigo. Angélica, cerca de aquí hay un convento que alberga a mujeres perdidas que quieren recuperarse. Las monjas son buenas, te darán cobijo hasta que decidas a dónde ir. Me voy a casa, pero vuelvo mañana, espérame aquí. ¡No hagas ninguna tontería, prométemelo!

– ¡Lo prometo! – Respondió Angélica, suspirando.

La comida le dio más fuerza. Se quedó en la casa, pero estaba apática y muy triste.

– "No soy digna de ser madre. ¡Maté a mis hijos! ¡Soy culpable!"

Por la tarde fue al lago, bebió un poco de agua, llenó una botella; observó las aguas, el lago estaba en calma, tranquilo.

– "Ni siquiera parece que aquí es donde murieron mis hijos. En estas aguas tranquilas, pareciendo un espejo enorme. Son traicioneras, asesinas.

¡No! No puedo culpar al lago, solo a mí.

Soy culpable. Podría entrar y ahogarme, pero sé nadar. ¿No me alejaría nadando la desesperación de ahogarme? ¡Desesperación de la muerte! ¿Mis hijos sufrieron demasiado para morir? No quiero imaginar sus caras bonitas tratando de respirar. No soy digna de morir. Como dijo mi esposo, debo seguir con vida y sufrir, lo merezco. La muerte sería un alivio que no merezco."

Regresó a la casa; la noche trajo oscuridad, por lo que se sintió aun más sola.

– "¡Siempre estaré sola! Este dolor será mi compañero..."

Dormía, soñaba con sus hijos, despertaba sonriendo, llamándolos, pero pronto recordaba todo y lloraba mucho. No salió de la casa, tenía miedo que alguien la viera. Por la tarde volvió la vecina.

– Angélica, tu esposo se fue, tomé tu ropa y te la traje. Come esta comida y vete ahora.

–¿Por qué?

– Cuando tomé tu ropa, la gente sospechaba, me miraban. Creo que saben que los traje para ti. Están enojados y es mejor salir de aquí ahora. ¡Por la noche, cuando estés sola, pueden maltratarte!

– ¿No me lo merezco?

– No lo creo. Sufres mucho. Pero tampoco merecen hacer algo malo sin pensar. ¿Tú entiendes? Son gente buena, corriente, pero pueden querer hacer justicia, están enfadados. ¡Por favor vete!

– ¡Me voy al convento!

– Vamos juntos al atajo, de ahí vas a la otra ciudad. Camina de noche y escóndete de día.

Se fueron en silencio. Al separarse, Angélica le dijo:

– ¡Solo Dios te lo pague! ¡Gracias! ¡Espero que no se enojen contigo por eso!

– ¡Todo pasa, Angélica! ¡Recuerda esto!

Angélica caminó toda la noche, quería alejarse de la ciudad; por la mañana descansó escondida, se le acabó el agua. Durmió un poco debajo de un árbol; por la tarde empezó a caminar de nuevo. Siguió descansando y caminando, al amanecer encontró agua, la bebió, la almacenó en la botella y siguió caminando. Llegó al convento cuando ya amanecía

Una hermana la vio, la ayudó, pidió albergue. La Madre Superiora vino a hablar con ella.

– Eres entonces la joven madre que descuidó a sus hijos para encontrarse con su amante, y se ahogaron en el lago.

Puedes quedarte con nosotras, te ayudaremos.

Descansó ese día, al siguiente se fue a trabajar al jardín, el trabajo pesado la cansaba y el cansancio parecía aliviar su dolor.

Casi no hablaba. Me invitaron a orar, pero se sentía indigna de hacerlo. Escuchaba las hermosas oraciones que decían las monjas.

Pasó el tiempo, casi tres años; nadie la visitó ni supo de sus familiares.

Comprendió que había muerto para ellos. Era una persona triste, no hablaba, solo respondía cuando le preguntaban, la extrañaba mucho y su remordimiento era grande. Una hermana, ya anciana, la llamó para conversar:

– Angélica, aquí estás siendo excluida, no tienes amigos, no hablas con nadie, necesitas olvidar lo que pasó, empezar de nuevo tu vida.

– Mi vida se acabó, estoy viva porque no soy digna de morir – respondió ella.

– ¡No digas tonterías! La muerte llega a todos en el momento adecuado.

Hija, tenemos lejos de aquí dos conventos más, uno es un orfanato, el otro un asilo. Ve y sé útil, cuida a los demás, verás mucho sufrimiento, aliviarás el dolor y el tuyo se suavizará.

– ¡Asilo, prefiero cuidar a los ancianos!

Así fue Angélica, viajó durante días en tren y llegó al asilo. No se hizo monja, era como una sirvienta no remunerada.

Y de hecho esa hermana sabia tenía razón. Vio mucha tristeza, se encariñaba con los ancianos, trabajaba mucho y los días pasaban rápido. De hecho, ella alivió su dolor ayudando a otros. Dejó de estar triste y la añoranza ya no dolía tanto.

Recordaba a Fabio, su gran amor, a veces incluso lo culpaba, pero comprendía, él tenía hijos, tal vez no quería ser responsable de su infelicidad, no podía dejarlos para estar con ella. Su marido era incluso generoso y su familia tenía motivos para despreciarla.

¿Pensó mucho en sus hijos, cómo serían si no hubiera pasado el accidente?

El remordimiento es un dolor fuerte y ella había sufrido mucho. Una cosa era segura: nunca volvería a tener hijos, no era digna.

Estuvo más de veinte años trabajando en el hogar, era amable, considerada y los ancianos la amaban. A los cuarenta y ocho años enfermó, pasó varios meses en cama, sus hermanas la cuidaron, sufrió sin quejarse y falleció en paz un domingo por la mañana.

Hizo muchos amigos; muchos ancianos del asilo que habían fallecido vinieron a ayudarla y hubo muchas oraciones de agradecimiento por ella.

Rescatada, pronto estuvo sana y trabajando, siendo útil. Escuchó de todos, los niños se reencarnaron, estaban bien, el esposo tenía otra pareja y otros hijos. Fabio siguió con su mujer, era un buen padre. Su familia estaba bien, sus padres habían fallecido, ella los visitó, se reconciliaron. Estuvo desencarnada durante años y fue invitada a reencarnar.

– Angélica, regresarás al plano físico, pero no debes seguir pensando que no eres digna de ser madre, puedes esto daña, a través del remordimiento, tu órgano reproductor.

– No puedo, no quiero tener hijos. Tengo miedo de cometer errores, de no cuidarlos.

Por más que le dijeron, Angélica no pudo vencer eso y se reencarnó.

Carmelo se quedó pensativo y nostálgico cuando escuchó su historia y concluyó:

– "Y Angélica, no tendrás hijos en esta reencarnación, ¡pero confío en que serás una gran madre!"

Estaba seguro que hay muchas causas que conducen a la misma reacción. Hay muchas razones por las que las personas no pueden ser padres.

Los exámenes estaban listos, dieron negativo, el doctor sonrió, feliz.

– Angélica, el mayor peligro ha pasado, ¡estás curada!

Estaba feliz, oró agradeciendo a Dios. Regresaron felices a la casa del acantilado, tenían nostalgia y Angélica esperaba con ansias volver a ver a su novio. Se sentía saludable y todos felices.

Durante el viaje de sus padres con Angélica, Henrique volvió a dormir en su cuarto. Estaban solo los tres, Nena, Fabiana y él en la casa. No tenían miedo y el muchacho no vio ni escuchó nada raro. Estaba feliz y más aun con la noticia de los resultados de la prueba de su hermana.

Dos días después de su regreso, Dinéia pensó que era hora que Nena se explicara, se reunieron después de cenar en la sala e invitaron a Nena a hablar. Dinéia preguntó:

—Cariño, creo que nos debes una explicación. ¿No nos dirás qué pasó?

La mucama suspiró, se acomodó en el sofá, miró a todos, asintió y comenzó a narrar.

—Cuando llegué a trabajar con ustedes, nadie me preguntó al respecto, no es que este hecho justifique lo que hice, lo lamento y pido perdón. Doña Dinéia me preguntó si era soltera, le dije que sí, y lo soy, no me casé. Fue después de cuatro años que hablé de las visitas que hacía, de por qué solo salgo los domingos por la tarde. Le dije que iba al penal, ahí le mentí, le dije que Antonio era mi hermano y no que era mi novio.

Nena se calló y Roberto la motivaba.

—Es mejor que nos cuentes todo, Nena.

—Eso es lo que voy a hacer, y ahora sin mentir. Me crie en un orfanato, fui allí de recién nacida, nunca supe quiénes fueron mis padres. Cuando cumplí dieciocho años, me arreglaron para ser empleada doméstica en una casa de familia, dormía en el trabajo. Fui y traté de hacer todo bien, pero el hijo de mi jefe comenzó a molestarme, le tenía miedo, fue un período difícil, sufrí mucho. Fue entonces cuando conocí a Antonio, que trabajaba en la panadería donde compraba pan. Empezamos a salir y le conté lo que pasaba en mi trabajo, se preocupó. Allí, en el barrio, todos conocían a este joven, hijo de mi patrón, era pendenciero, juerguista y mujeriego, pero sus padres pensaban que era un hijo ejemplar, no creían nada de lo que decían de él. Un día cuando mis jefes se fueron, casi me abusa. Salí corriendo y fui a la panadería. Antonio me hizo una oferta.

– No vuelvas ahí, Nena, ven conmigo. Ven a vivir conmigo. Mi casa es sencilla, una choza, pero allí serás respetado. Me gustas mucho y cuando pueda, nos casaremos.

Yo fui, Antonio me respetaba, era cariñoso. Unos días después fui a buscar mi ropa y nos mudamos juntos como si estuviéramos casados. Antonio ganaba poco y yo comencé a ayudarlo; yo trabajaba limpiando dos veces por semana en la panadería y ayudaba a un vecino a hacer dulces, pero era difícil, vivíamos con dificultades; sin embargo, nos queríamos cada vez más. Hasta que...

Nena dejó de hablar, todos se quedaron en silencio, hasta que Roberto preguntó:

– Sigue adelante, Nena. ¿Qué hizo Antonio para ir a prisión? La historia que nos contaste no la verdad, ¿no?

– Les dije que Antonio había desfalcado en la fábrica donde trabajaba, que nuestros padres habían muerto y que vivíamos solos, que él se había metido y tomó dinero de la firma, fue descubierto y arrestado. ¡Eso es mentira! Antonio todavía estaba trabajando en la panadería y comenzó a hablar con algunos vecinos que no estaban bien. Le rogué que no los tuviera como amigos.

– Nena – dijo –, hablo con todos aquí. No son tan malos como dicen. Pero dejémoslos en paz, no te enojes por eso. ¿Estás cansada? No quería que trabajaras tanto, quería darle más comodidad. Estoy pensando en hacer un trato. Si funciona, nos mudaremos a otra ciudad y viviremos en una casa y te daré ropa bonita.

Antonio, no sueñes, aquí estoy bien, ¡soy feliz!

Pensé que estaba soñando y que no dolía. Pero Antonio se involucró con los vecinos y cometieron un robo, que resultó en un asesinato, en la muerte de un guardia.

Un viernes por la noche, pensé que iba a trabajar. Antonio con tres más fue a robar a una fábrica, el vigilante logró llamar la policía, los enfrentó y fue asesinado. Fueron arrestados. Acusaron a Antonio, quien en un principio negó haber disparado, pero los demás afirmaron que él era el asesino, y luego accedió y fue detenido. Sufrí mucho. El dueño de la panadería ya no me quería como empleada de la limpieza. Estaba sola y sin dinero. Antonio fue juzgado y condenado. Por falta de pago me desalojaron y alquilé un cuartito en otra favela, en otra choza. Fue entonces cuando una señora que vivía cerca de mi habitación me consiguió el trabajo con ustedes.

Nunca dejé de visitar a Antonio. Él siempre me decía:

– Nena, yo solo participé en el robo, no le disparé a nadie, si hubiera funcionado, nos hubiéramos ido, hubiéramos mejorado nuestra vida.

– Antonio, te dije muchas veces que estaba bien. No iba a vivir del dinero robado; si el robo hubiera funcionado, te habría dejado. ¿Y ahora? Estamos separados.

Y fue un viejo vecino quien me contó lo que realmente pasó. Que fue uno de ellos quien disparó al guardia, pero chantajearon a Antonio, si no mintiera diciendo que había disparado, el grupo me agarraría y me torturaría hasta la muerte. Cómo sabía que el grupo era grande y que realmente iban a poder hacer esto y que yo no tendría a nadie que me defendiera, que me ayudara, confesó. Antonio se arrepintió, pero pagó caro su error. Pasó el tiempo, no se podía negar, no teníamos dinero para contratar a un buen abogado y temíamos la venganza del grupo. Él se quedó en la cárcel y yo con ustedes. Me sentía mal por la situación, no quería mentir.

Me gustan y les estoy agradecida. Recuerdo el día en que doña Dinéia me invitó:

– Nena, tenemos esta pequeña habitación, es pequeña, pero si quieres vivir aquí, serás bienvenida.

Vine y me fue muy bien, no me gustaba el cuartito de la choza, era caro e incómodo. Con ustedes me sentí como en casa, la habitación estaba limpia, la cama era buena, era genial. Llegué a amarlos como mi familia, como la familia que no tenía.

Nena volvió a hacer una pausa, nadie dijo nada y continuó, terminando:

– Ahora, Antonio está a punto de obtener la libertad condicional y queremos estar juntos.

Me encantaría que viniera aquí, se quedara en mi habitación, es tan grande. Podrá trabajar como jardinero, ya que el Señor Olegário nos ha informado que ya no trabajará porque se jubilará.

– Nena, lo que nos dijiste es serio. Tenemos que pensar en el asunto a resolver. Hablaremos y pronto te daremos una respuesta – dijo Roberto.

Nena asintió con la cabeza, se despidió y se fue a su habitación.

– ¡Qué triste historia! – Exclamó Angélica.

– ¿Qué vas a hacer, papá? – Preguntó Fabiana.

– Mañana comprobaré si todo es cierto. Tengo los datos de Antonio, veré si puedo hablar con el director del centro penitenciario y pedirle información sobre él. Luego hablaremos de nuevo y decidiremos juntos – respondió Roberto.

– No es fácil tener un ex convicto trabajando con nosotros. Tampoco podemos olvidar que vivirá con nosotros – dijo Dinéia.

– Es por falta de oportunidad que muchos no triunfan en la vida, vuelven a la cárcel. Son liberados y no encuentran trabajo, algo honesto que hacer – dijo Henrique –. Podemos intentarlo, observarlo, y si no está a la altura de la confianza, despedirlo.

– Tengo miedo de las personas que han sido arrestadas. ¡Pero si Nena lo ama y todos estos años ha estado esperándolo, debe tener sus razones, es tan buena! – Expresó Fabiana.

– Tan pronto como hable con el director del centro penitenciario, volveremos a hablar de esto.

Al día siguiente la familia se reunió nuevamente y Roberto dijo:

– Llamé al centro penitenciario y el director fue muy amable conmigo; confirmó lo que dijo Nena. Antonio es una buena persona, dice ser inocente del crimen, que solo participó en el robo, y el director le cree. Trabaja en la cocina, siempre está ayudando a sus compañeros, es querido por todos y nunca ha tenido ningún problema. Al director también le gusta.

– ¡Eso es bueno! Para que podamos tenerlo con nosotros – dijo Angélica.

– No sé, todavía tengo miedo, vivimos muy separados y tenemos a las niñas. Creo que me quedaré preocupada – opinó Dinéia.

– Creo que hay que darle una oportunidad, entonces, Nena se lo merece.

Hagamos una votación. ¿Cuál es tu opinión, Angélica? – preguntó Roberto.

– Voto por ello. Para Nena debemos aceptar a Antonio, si no funciona ya veremos qué hacer después – respondió la mujer cuestionada.

– Pienso como Angélica – dijo Fabiana –. Me gusta mucho Nena y por ella hay que aceptar a Antonio como empleado.

Henrique se levantó y dijo:

– ¡Me gusta Nena! ¡La quiero cerca! Voto a favor y ganamos:

Antonio podrá venir, y le daré esta noticia a ella, que está ansiosa. ¿Yo puedo? ¡Nena!

Como su madre estuvo de acuerdo, Henrique salió de la habitación gritando y luego volvió, tirando de la mano de Nena, y habló con entusiasmo:

– Nena, la familia estuvo de acuerdo, puedes traer a Antonio aquí, él trabajará con nosotros y, mejor, se quedará cerca de ti. ¿No es genial?

– Esperamos que funcione, que sea una buena persona y que no nos arrepintamos – dijo Dinéia.

– Si noto que Antonio puede hacer o piensa hacer algo malo, seré la primera en quererlo lejos de aquí. Los quiero, gracias y nuevamente lo siento. ¡Nunca más mentiras!

Le escribiré hoy con las buenas noticias.

Dos meses y medio después, Nena estaba eufórica: Antonio saldría de la cárcel.

– Nena – dijo Roberto –, tengo cinco días del diario de este hotel, no está lejos de aquí, pero es muy agradable. Es para una pareja y como no podemos ir, Dinéia y yo queremos dártelo a ti y a Antonio. Recógelo en la penitenciaría y ve al hotel, ustedes se merecen salir a caminar, estar juntos, hablar y salir.

– Tómate los días libres que quieras, Nena – dijo Dinéia. Nena lloró de emoción, con sus ahorros compró ropa para Antonio y decidió que pasarían siete días caminando.

Y así lo hizo. Cuando regresaron, todos querían a Antonio. Era sencillo, tranquilo, educado, evitaba a todos, solo respondía cuando se le preguntaba y empezó a trabajar mucho. Nena empezó a hacer comidas con él en la cocina. Roberto lo llamó para conversar:

– Antonio, Nena nos gusta mucho, incluso nos sentimos responsables de ella, espero que no la hagas infeliz y que seas digno de la confianza que te estamos depositando.

No puedo pagarte mucho, pero te registraré para un trabajo estable. Tendrán dónde alojarse y qué comer.

– Señor Roberto, gracias por todo. Estoy doblemente agradecido por amar a mi Nena y por darme esta oportunidad. No tendrá quejas de mí.

Y realmente no lo hicieron. Nena estaba muy feliz y los dos se entendían, se amaban.

Antonio comenzó a hacer el trabajo del señor Olegário, que se jubiló, así como todos los trabajos pesados de la casa, ya que no tenían una empleada para la limpieza.

Antonio era un mulato fuerte y trabajador y pronto se hizo amigo de Henrique.

– Antonio – dijo el muchacho – aunque sonríes mucho, tienes una tristeza en los ojos.

– Henrique, esos años que pasé en prisión fueron muy difíciles, nunca lo olvidaré, fue muy triste, muy doloroso. No te imaginas lo que es estar encerrado, confinado en un espacio pequeño y tener que convivir con diferentes personas.

– Todo eso ha pasado, Antonio – respondió Henrique, animándolo –. Ahora tú y Nena pueden ser felices.

– ¡Pero perdimos muchos años de nuestras vidas separados! Cómo me arrepiento de involucrarme con malas compañías. ¡Los errores se pagan! Y lo pagamos caro – dijo Antonio.

– Olvídalo, Antonio, empieza una nueva vida. ¿Te gusta aquí?

– Me gusta mucho, ¡espero no tener que irme nunca de aquí! – Respondió Antonio. De hecho, al compañero de Nena le gustó el lugar, por lo que ella ya le había dicho, amaba a esa familia y aprovechó la oportunidad que le dieron. Roberto no se arrepintió de haberle dado un trabajo, y pronto se hizo amigo de todos en la casa. Comenzó el año escolar y Angélica volvió a la escuela. Iba a estar en su tercer año de secundaria.

Ella y Fabio estaban saliendo firmemente y el joven tenía planes de casarse pronto.

Fabiana salía con Leco y Henrique tenía muchos amigos. Dinéia trabajó duro, todos estaban bien y felices.

El entusiasmo que tenían por el Espiritismo se iba acabando, Dinéia ponía excusas para no ir al Centro Espírita, Roberto, sin ella, empezaba a escasear, Fabiana casi no iba y Henrique, sintiéndose bien, también desapareció. Y las excusas siempre están disponibles: a veces llovía, hacía frío, hacía mucho calor, tenía que estudiar, trabajaba mucho, estaba con tos, etc. Incluso el Evangelio en el Hogar era Angélica que forzaba y lo hacía, a veces no lograba reunir a todos.

Angélica se convirtió en una estudiosa asidua, y a Fabio le gustaba mucho la Doctrina. Incluso comentó:

– Parece que siempre he sido espírita y no lo sabía, las enseñanzas de la Doctrina parecen haber estado dentro de mí, que las conocía. Me gusta mucho porque las entiendo y creo que son justas.

– A mí también me gusta, Fabio, porque todo lo que quiero saber tiene una explicación lógica – dijo Angélica.

Fue entonces que, en la escuela de Henrique, durante un trabajo en el que se reunía su grupo de estudio por la tarde, decidieron jugar al juego de la ouija. Marcelo explicó como si entendiera bien el tema.

– Esto ha existido durante mucho tiempo. Se utiliza un péndulo, flechas, agujas, tabla, etc. Pero como no tenemos el material, improvisamos, podemos hacerlo con el cristal. Vamos a usar esta tarjeta y colocar las letras y los números, luego vamos a evocar un espíritu, un alma del otro mundo para que nos responda y ya está, podemos saber lo que preguntará doña Eny en la prueba de portugués.

– ¿Esto funciona? Tengo miedo del alma del otro mundo – dijo Neuzita –. El cura dijo que no responden y cuando lo hacen es el diablo.

– ¡Qué diablo! Está en el infierno, es un alma – dijo Marcelo, garantizándolo –. Si tienes miedo es mejor no participar, las chicas tienen mucho miedo.

– Creo que es peligroso, estas almas, espíritus, pueden no tener qué hacer y quedarse con nosotros – dijo Henrique.

– ¡Xi, temes como las niñas! ¿Estás con miedo? Está bien, quédate con Neuzita, ella te hará compañía.

– No es eso – se defendió Henrique –. No tengo miedo, es que los espíritas que entienden del tema no recomiendan hacer eso. Para ellos esto es una broma y estas evocaciones son un asunto serio.

– Los espíritas hablan con los muertos cuando quieren, ¿por qué nosotros no podemos hacer lo mismo? – Preguntó Ricardo.

– Porque estudian para eso y nosotros no sabemos – dijo Henrique.

– No quiero interponerme en el camino, Henrique. ¡Hagámoslo, va a ser genial! – exclamó Soraya.

Henrique tenía miedo de salir de la habitación y sus amigos lo llamarían miedoso, observó la preparación. Con todo listo, Marcelo dijo en voz alta:

– Si hay un alma por aquí, un muerto que nos pueda responder, por favor venga.
¡Hazlo!

Cinco de los que participaron en el juego pusieron un dedo sobre el vaso, que comenzó a moverse con dificultad, hasta que a través de las letras escribió:

– "Que Henrique venga a ayudarnos."

– ¡Ven! ¡La copa te quiere!

Marcelo lo jaló y Henrique puso su dedo en el vaso, el cual caminó rápidamente, respondiendo todas las preguntas y dando el número de preguntas que iban a estar en el examen. Cuando llegó la hora de irse, Marcelo les dio las gracias y terminó el juego.

– ¡Dios, Henrique, eres bueno en eso! – Dijo Ricardo, alabando. Henrique no estaba tranquilo, tenía esa sensación que estaba siendo observado, decidió olvidarse y pensar en otra cosa, sabía que era imprudente participar de ese fenómeno, pero estudió más las preguntas que el espíritu, a través del vaso, había escrito.

El otro día, en la prueba de portugués, cuatro de las seis preguntas cayeron y los chicos se emocionaron. Marcelo los invitó:

– Hagámoslo de nuevo hoy. A las cuatro en mi casa. Nos vemos todos y tú, Henrique, no te lo puedes perder. Lo harás, ¿no? No tiene miedo como las chicas, de lo contrario pensaremos que lo tienes. Nosotros te esperamos.

Y Henrique fue, solo que esta vez el espíritu, a través del vaso, comenzó a responder a algunos inconvenientes, tales como:

– "Marcelo, Sonita no te quiere, sino a Ricardo – Sonita era la novia de Marcelo.

– Ricardo, tus padres se van a morir pronto en un accidente.

– Luiza, tu padre tiene una amante y está pensando en dejarla.

– Uno de ustedes morirá pronto."

El juego terminó tristemente.

– Marcelo, no tengo nada que ver con Sonita – dijo Ricardo.

– Bueno, dijo que le gustas – respondió Marcelo.

– Y que mis padres se van a morir –
murmuró Ricardo con pesar.

– Uno de nosotros también – dijo Luiza.

– Les dije que esto es peligroso, los buenos
espíritus no contestan eso. Lo que dijo, nos
respondió, no tiene sentido, eso es imposible de
saber. Les recuerdo que solo acertó cuatro de las
preguntas del examen – dijo Henrique.

– Dijo que Doña Eny cambió las preguntas
después. Tal vez – dijo Sergio.

– Mejor nos vamos a casa, expresó Ricardo.

Y se fueron, pero Henrique no se sentía bien,
se sentía mal, parecía que había más gente con él.
Fue a casa y empeoró. No dijo nada de lo que pasó
en casa, sabía que sus padres lo desaprobarían y con
razón.

Por la noche empeoró mucho. Henrique tuvo
miedo, fue a su habitación y nuevamente tuvo la
sensación que estaba siendo observado. No apagó la
luz, trató de orar, pero no pudo. La luz del
dormitorio se apagó y una puerta se cerró de golpe.
Henrique sintió que tiraban de su sábana, así que
gritó.

Todos en la casa corrieron a su habitación.
Papá llegó primero, encendió la luz.

– ¿Qué pasó, Henrique? ¿Qué sucedió? – El
muchacho estaba blanco de miedo.

– ¡Lo volví a ver! ¡Pasó de nuevo! Dejé la luz encendida, la apagaron y me sacaron la sábana, la puerta se cerró de golpe y grité.

– ¿Qué puerta azotaron? Yo también lo escuché – dijo Fabiana.

– Creo que fue por el juego – dijo Henrique, acurrucándose en la cama.

– ¿Qué juego? No digas tonterías, muchacho – dijo Fabiana.

– ¿El juego de la ouija que evoca espíritus? – preguntó Angélica.

– Sí – respondió el niño.

– Henrique – dijo Angélica, regañándolo –, ¿no sabes que esto es peligroso? ¿Qué los buenos espíritus no se prestan a las bromas? Apuesto a que respondieron tonterías. Y tú, que tienes mediumnidad, no debiste participar. Creo que debes haberle gustado a estos espíritus y regresaron a casa contigo.

– ¡Ay, Dios mío! No quiero empezar de nuevo – dijo Dinéia aterrorizada –. Tú, muchacho, merecías recibir una paliza. ¿Es esto una broma para hacer? no tienes nada más interesante qué hacer?

– Voy a buscar el Evangelio, hagamos una lectura y oremos. Mañana tú, Henrique, debes buscar ayuda – expresó Angélica.

– Voy a llamar a Virgilio – dijo Henrique –.
¡Ahora!

– No, en absoluto – dijo Angélica, decidida.

– Virgilio y Silze deben estar durmiendo. No
es correcto. Nos ayudaron en una situación de
emergencia y nos guiaron para que no volviéramos
a ser mendigos.

¿Qué pasó? Excepto yo, nadie más estaba interesado
en el Espiritismo. La tensión pasó y ya no querían ni
ir al Centro Espírita. Y tú, Henrique, que dices que
sufriste cuando creías estar enfermo, pronto
olvidaste la ayuda que tenías, el propósito de seguir
la Doctrina Espírita. Sabe que eres médium, que
tienes la energía necesaria para que los espíritus la
utilicen para manifestarse. Y aun sabiendo eso,
participaste en el juego, en esta temeridad – dijo
Dilcéia.

– Es que tenía miedo que pensaran que tengo
miedo como las chicas – respondió Henrique.

– ¿Y no es así? ¿No tienes miedo? – preguntó
Fabiana.

– ¡Lo tengo! ¿Qué hago ahora? – Preguntó el
chico.

– Que guardes estos espíritus solo para ti –
respondió Fabiana –. No llames a nadie para
contestar nada por mí. Quiero dormir, mañana
tengo un examen.

– Dormiré contigo – dijo Angélica –. Pero, Henrique, tienes que prometerme que mañana irás al Centro Espírita y que volverás a frecuentarlo, además de estudiar la Doctrina, y que nunca más volverás a jugar con algo tan serio.

– Te lo prometo y gracias, Angélica. ¡Acuéstate aquí! Dejemos la luz encendida.

Henrique tuvo miedo toda la noche, durmió muy poco y al día siguiente, en la escuela, en el recreo, Luiza los llamó.

– Mi abuelo es espírita y me regañó. Dijo que solo podía ser un espíritu juguetón para responder a tantos disparates. ¡Ya no haré esto! Me asusté y tuve que acostarme con mamá.

– Yo discutí con Sonita – dijo Marcelo –. Me aseguró que le gusto. Creo que ese muerto dijo mentiras. Me preocupaba la historia que uno de nosotros morirá pronto. ¡Y piedad! Podría haber funcionado. Pero lo haré de nuevo. Cualquiera que quiera participar debe venir a mi casa a las cuatro en punto. ¿Vienes, Henrique?

– ¡No! – Respondió el interrogado, rápidamente.

– ¿Tienes miedo? – preguntó Ricardo.

– El abuelo de Luiza tiene razón, yo también soy espírita y sé bien que todo esto es una broma, simplemente peligrosa. No se debe evocar a los espíritus solo por curiosidad, los que se prestan por lo general no saben nada y responden lo que piensan. ¡No voy a ir hoy ni nunca más!

Marcelo y Ricardo se rieron, pero no dijeron nada más. Henrique concluyó que Angélica tenía razón. Si no tenemos la personalidad, el coraje para decir que no, terminamos haciendo cosas que no queremos y no nos convienen. Tanta gente, por no tener el coraje de reaccionar, acaba fumando, bebiendo, consumiendo drogas, participando en carreras, etc. Es valiente quien tiene miedo de decir que no a algo que sabe que no funcionará.

Henrique, siendo joven, supo decidir lo que le convenía. Siempre somos tentados por otros a hacer el mal. Depende de nosotros decidir lo que nos conviene y, a veces, necesitamos tener el coraje de alejarnos de los amigos y decir que no.

Por la tarde, Angélica lo acompañó al Centro Espírita, donde recibió un pase, y el dirigente le aconsejó:

− Henrique, los desencarnados maliciosos están en todas partes, siempre dispuestos a jugar, a chupar energía, a veces no se acercan a nosotros porque rezamos, porque no estamos en sintonía con ellos. Pero cuando son llamados, se encuentran dueños de la situación. Fuiste temerario, eres médium, ahora debes estudiar para cuando seas adulto trabajar con tu mediumnidad para el bien, para ayudar y no para jugar.

— Dijeron mentiras, ¿no? – Preguntó Henrique.

— Sí, respondieron divirtiéndose, encontrando más divertido cuando creían.

Una señora que trabajaba como médium en el Centro Espírita y los escuchaba se quejaba suspirando:

– ¡Tú juegas y nos das trabajo! Entonces, somos nosotros quienes recibimos estos espíritus por incorporación. ¡Estoy cansada! ¡He estado trabajando mucho y el trabajo de ayudar a los enfermos es agotador! El dirigente la miró y respondió.

– No pensé que el trabajo fuera tan agotador y malo para ti. De hecho, el médium dona energías para ayudar a los demás, pero debe pensar que recibe mucho más de lo que tiene.

¡No es bueno quejarse! Quejas son los que gastan energía y contaminan a los que donan. Tú, amiga mía, debes pensar y llegar a una conclusión y hacer lo que sea mejor para ti. ¿No participar?

O si participas, no te quejes. Porque no es bueno para nadie tener en el grupo a alguien que está insatisfecho, que piensa que está haciendo demasiado y que no se siente bien. Si te está desgastando mucho, algo anda mal y ciertamente depende de ti. No queremos sacrificios, sino donación con amor. Aprende a trabajar sin quejarte.

La señora bajó la cabeza y se quedó en silencio. Henrique entendió que el líder decía todo eso porque ella se quejaba con ellos y también porque él necesitaba la lección, porque tenía ganas de quejarse. Mantendría lo que escuchó, algún día participaría en un grupo y para que el trabajo tenga un resultado positivo, cada uno debe hacer su parte con buena voluntad, con cariño, con disposición y sin quejas.[10]

— Tres desencarnados acompañaban a Henrique y cuando iba a sacar un pase, se quedaron en el puesto de socorro en el plano espiritual del

---

[10] En la historia, el dirigente actuó así. Creo que sería mejor que hablara con la persona en privado, pero creo que las palabras serían más o menos las mismas. Quejarse es malo para los que lo hacen y para los que escuchan, y puede contaminar, llevar a otros a pensar así. Un trabajo, ya sea material o espiritual, no se conforma con quejas. Y quejarse puede convertirse en un mal hábito. Pero creo que él, el dirigente, lo hizo porque también sentía que Henrique también necesitaba la lección, y si no decía nada, el joven se llevaría una mala impresión del trabajo mediúmnico, como si fuera algo aburrido y fatigoso, y no es nada de eso, sino placentero, edificante, instructivo, y ¡qué bien se siente ayudar a los demás!

Centro Espírita para ser guiados en la sesión de desobsesión[11] ese mismo día, por la noche.

Conozcamos ahora qué pasó con los desencarnados en este hecho. Carmelo estaba en la casa cuando Henrique llegó de la escuela acompañado de los tres desencarnados. Se acercó a ellos sin dejarse ver y escuchar. Ellos comentaron:

– Me caía bien este chico, tiene la energía que necesitamos. Es un médium y al parecer no es digno de tener un protector que nos moleste y nos impida atenderlo y agotar sus energías.

– Cariño – dijo el otro riendo –, para vampirizar, prefiero decir que somos vampiros, aterra más.

– Y sin embargo fuimos llamados, no se puede decir que somos intrusos. Estábamos callados, solo mirando, y los chicos nos llamaron para responder esas preguntas estúpidas.

– Incluso fui a mirar el examen que preparó la maestra, simplemente no pude observar más porque esa señora desencarnada que trata de cuidar la escuela no la dejó. Pero respondimos tonterías,

---

[11] Desobsesión: reunión realizada para esclarecer el espíritu obsesor y los que deambulan, ya que estos suelen tener poco conocimiento evangélico o lo han aplicado incorrectamente. El objetivo es que desistan de sus propósitos de venganza y sean referidos a buscar ayuda.

¿no? Tenía muchas ganas de hacer que todos pelearan. ¡Me encantan las peleas!

– ¡Esta casa es hermosa! ¡Quedémonos aquí! – Exclamó uno de ellos, riendo. Carmelo se fue, realmente pensó que Henrique había actuado mal y que tenía que aprender la lección. El chico sabía la manera de ayudar, así como no era su lugar enseñar la tarea de otra persona, y la de Henrique era que él aprendiera a no jugar con algo serio. A los tres no les gustaron las oraciones ni la lectura del Evangelio, salieron de la habitación y se dirigieron a la sala.

– Parece que aquí no es tan agradable como pensábamos – comentó uno de ellos.

– Si siguen rezando, tendremos que irnos.

– ¡Qué familia más aburrida! Esa chica es desagradable, ni siquiera me gustaba mirarla. Al parecer frecuenta un Centro Espírita, si se va a dormir con el chico no podemos ir más allá – dijo uno de ellos.

– A veces sueño imaginando que no hay Espiritismo, si no existiera, sería muy bueno.
¡Esta Doctrina solo se interpone en el camino! – Habló, quejándose el otro.

Pero fue el otro día que Henrique y Angélica fueron al Centro Espírita que Carmelo los llevó a los tres allí[12]. Se fueron sin saber cómo; es que Carmelo volvió con ellos.

Recibieron orientación en el Centro Espírita, dos de ellos aceptaron la ayuda ofrecida y fueron a vivir dignamente en una escuela en el plano espiritual; el tercero siguió con Marcelo e invitó a otros; siempre hay desencarnados para proporcionar este tipo de fenómeno mediúmnico.

Pero por miedo, no se acercó más a Henrique.

Podría haber ocurrido una obsesión si Henrique no hubiera ido en busca de ayuda. Y esta vez aprendió la lección, pasó a para ir al Centro Espírita y estudiar. Marcelo, días después, invitó a Henrique.

– Ven con nosotros a hacer que el vaso se mueva. El muerto que nos contesta dijo que tú puedes ayudar a ser más rápido.

---

[12] Los espíritus que tienen el conocimiento o el mérito para hacerlo pueden volar porque manipulan el fluido universal, lo que les permite viajar largas distancias en milisegundos con la velocidad del pensamiento. Si es necesario, pueden llevar consigo a otros espíritus que aun no son capaces de hacerlo, eso hizo Carmelo, pero como los tres espíritus llevados por él no sabían lo que era volitar, estaban confundidos, sin entender cómo estaban en la casa y, al minuto siguiente, en otra parte.

– ¿No lo detuviste, Marcelo? Bueno, deberías. ¿Qué ha respondido correctamente?

– ¡Nada! Casi nada, que yo respondería. ¡Lejos de eso!

– ¡Tienes miedo! – dijo Marcelo, sonriendo.

Henrique también sonrió, miró a los ojos de su amigo y respondió con calma:

– Soy espírita y no quiero jugar con eso. La comunicación con el plano espiritual es cosa seria, que solo debe ocurrir con un buen propósito. La gente que trabaja no tiene tiempo para eso, y los buenos desencarnados, activos en el bien, no están dispuestos a responder preguntas tontas. No lo haré, y puedes presionar, di lo que quieras, tengo la personalidad para decirte que no.

– Presionar, personalidad, que conversación tan aburrida. Pareces un adulto. Está bien, pero estás invitado, ven cuando quieras.

Ricardo se enfermó, su madre lo llevó al médico y, por consejo de un vecino, recibió pases. Ya no participó. Marcelo se enfermó, no podía hacer que el vaso se moviera solo, se detuvo y el juego quedó en el olvido.

Henrique, queriendo aprender, preguntó al asesor del Centro Espírita:

– ¿Por qué algunos sienten más los espíritus en estos juegos que otros?

– Los sensibles, los que tienen la mediumnidad más pronunciada, sienten más, porque a los desencarnados les gusta asustar, hacerse notar, y también porque estas personas son más fáciles de vampirizar. Pero incluso aquellos que no lo sienten terminan influenciados por ellos.

Y Henrique ya no se avergonzaba de explicarle a cualquiera que lo invitara a este tipo de fenómenos que no lo hicieran, que lo evitaran, ya que podrían sufrir desagradables consecuencias.

Nuevamente Carmelo los ayudó. Como Angélica se había convertido en espírita, pidió a la Colonia que fuera su protector, se le concedió el permiso. Feliz, se quedó con su familia.

Y Carmelo, ¿quién era? ¿Por qué Leda, al ser adoctrinada, había dicho: "Tú aquí, Carmelo?"

Un espíritu tan dedicado, comprometido a trabajar para el bien, en ayudar, ¿qué estaba haciendo allí? ¿Estuvo involucrado en la historia de la casa del acantilado?

Curiosos, le preguntamos y Carmelo nos contó su historia.

– Ejercía, cuando encarnado, el oficio de comerciante, tenía una tienda y con ese trabajo sustentaba a mi familia. Estaba casado, mi pareja era una persona honesta y amable, teníamos cinco hijos y un matrimonio feliz.

Yo tenía un tío espírita que era buena persona, siempre dispuesto a ayudar a todos, y me gustaba mucho, siempre me invitaba a escuchar una conferencia, leer un libro edificante, y si alguna vez leía o iba al Centro Espírita, era para complacerlo. Pensaba que era interesante, coherente, pero no sentía la necesidad de ser religioso, todo me iba tan bien, estaba tranquilo. Hasta que mi hijo mayor Oscar me empezó a dar problemas. Estaba casado con una chica muy simpática y tenía dos hijas pequeñas, cuando conoció a Leda y se convirtió en su amante.

Tenía un buen trabajo, ganaba bien, pero estando enfermizamente enamorado, no pensaba en nada más que en ella. Comenzó a faltar al trabajo y a hacer su trabajo distraídamente.

Pensé que estaba enfermo, hablé con él, quien me aseguró que estaba bien. Pero terminé descubriendo que él era amante de una mujer casada, de Leda. Entonces volví a tener una conversación seria con él, quien no lo negó y dijo que estaba enamorado y que no podía dejarla.

Al verlo gastar mucho, comenzar a endeudarse, porque le dio muchos regalos a Leda, traté nuevamente de hacerlo entrar en razón. Fue duro conmigo. Así que decidí hablar con ella, estaba avergonzado de la casa del acantilado. Leda me recibió con curiosidad. Cuando me identifiqué se puso seria y murmuró:

– ¿Papá vino a ver qué está haciendo el niño? ¿No crees que Oscar es un adulto? ¿O has venido a ver si lo que está haciendo merece la pena? ¿Te gustó? Solo que no soy para ti, estás demasiado viejo para mi gusto.

Creo que me sonrojé, quería decirle algunos insultos. Por segundos comparé a Leda con mi nuera, la esposa de Oscar. Leda era llamativa, arrogante, cínica, bonita, pero muy recargada, mientras que mi nuera era sencilla, de sonrisa cautivadora, honesta y también bonita. No podía entender a mi hijo por querer a Leda y no a su esposa. Traté de controlarme, quería separar a mi hijo de ella y traté de ser amable.

– No, jovencita, no me interesas, aunque reconozco que eres muy hermosa. Soy padre, amo a mi hijo, a mi familia, es por este amor que vengo aquí. Oscar está casado, tiene dos hijas y está siendo imprudente, actuando mal, y estoy preocupado y vengo a pedirte que lo dejes.

– No tengo nada que ver con las cosas malas que está haciendo, ni quiero que se vaya de su familia, porque yo no me voy a separar de mi esposo. Oscar y yo nos estamos divirtiendo juntos –. Dijo Leda, sonriendo con cinismo.

– Por favor, te lo ruego, abandona a mi hijo, tú también eres madre, debes querer la felicidad de tu hija como yo quiero la de mi hijo – supliqué.

– ¿Así que crees que soy yo el que hace infeliz a tu hijo? Bueno, está mal, ¡lo hago feliz!

– ¡No quise decir eso, es solo que creo que está haciendo algo mal y no estará feliz! – dije avergonzado.

– Entonces, ¿estoy mal en algo? – Preguntó Leda, riendo, burlándose.

– ¡Son sus actitudes las que están mal! – Dije, tratando de mantener la calma frente a esa mujer insolente.

– ¡No! ¡Mi respuesta es no! No soltaré a tu hijo, solo lo haré cuando esté cansada. Ahora sal de mi casa o llamaré al jardinero para que te saque.

Me fui sin decir nada más, mi intento de hacer entender a Leda fue frustrado.

Mi esposa y yo sufrimos con la situación, entonces nos acordamos del Espiritismo y comenzamos a leer libros espíritas y a frecuentar el Centro Espírita, donde recibimos apoyo y orientación.

Mi nuera se enteró, se enteró de todo, discutieron y mi hijo se sinceró con ella:

– Amo a Leda y no a ti, no la dejaré. Tú tomas la decisión que quieras.

Ella fue llorando a nuestra casa, él la siguió. Cuando me vio me gritó:

– ¡Así que le dijiste todo! ¡Viejo chismoso!

– ¡Oh, lo sabías y no me dijiste nada!

¡Dejaste que tu hijo actuara así! – Dijo mi nuera, llorando.

– No intentes engañarme, él es quien te lo dijo. Incluso le habló a Leda como si yo fuera un joven, un debilucho mental. ¡Deja a mi hijo, déjalo! – Dijo Oscar irónicamente.

– Yo no dije nada...

Empecé a hablar y Oscar me dio un puñetazo en la barbilla que me tiró al suelo. Mi nuera gritó, fue a ayudarme y también se llevó uno.

Me levanté, traté de evitar que la golpeara y recibí un puñetazo. Irritado, salió de la casa. Mi nuera, llorando, dijo:

– ¡Me voy a la casa de mis padres y no voy a volver!

Y fue, se fueron ella y sus hijas, vivieron sus padres en otra ciudad. Estaba magullado, mi cara hinchada. Oscar estaba enojado en su casa, ya no venía a la nuestra, siempre estábamos preocupados, vigilándolo sin que se diera cuenta. Entonces Leda, como había dicho, se cansó de él y ya no lo quiso.

Oscar se deprimió, bebía. Ya no fue a trabajar y lo despidieron.

Estábamos pasando por todas estas dificultades cuando sufrimos otro golpe. Mi hijo menor, de casi veintiún años, tuvo un accidente y falleció. Estaba comprometido, pensando en casarse pronto.

Teníamos una casa que le dimos para vivir cuando se casara. Fue a renovarla, se subió al techo de la cocina, que no tenía soportes, se rompió una viga de madera y cayó, fracturándose la vértebra del cuello, y desencarnó. Mi esposa y yo sufrimos mucho, pero nos esforzamos en poner en práctica lo que sabíamos de la Doctrina Espírita para no desesperarnos. Tratamos de conformar y ayudar a nuestro hijo en el plano espiritual. Vimos a Oscar en el velorio, no se nos acercó, lloró mucho, luego ya no lo vimos.

Dos meses después de la desencarnación de mi hijo, en una reunión de estudio en el Centro Espírita, al final, una médium recibió comunicación de un benefactor espiritual de la casa, quien, después dame unas pautas, me dijo:

– Carmelo, ¿cómo crees que le va a tu hijo en el plano espiritual?

– Creo que bien – respondí –. Era una buena persona, sencilla, trabajadora; como él, solo puede estar bien.

– ¡Lo dijiste bien! Está muy bien, ya adaptado en el plano espiritual. Llegó en el momento adecuado, sin abusos, sin apego. Con él no tienes que preocuparte, este será el hijo que no te dará preocupaciones. Pero hay otros. Carmelo, ¿no te has olvidado del otro? En tu dolor, ¿no has olvidado quién te necesita?

– ¿Te refieres a Óscar?

– Sí, creo que yo te olvidaste de él.

– Gracias por la noticia y el consejo – le agradecí sinceramente.

Estaba tan preocupado por él que después de la reunión fui a su casa. Oscar me recibió sorprendido, no me esperaba.

– Hijo, ¿puedo darte un abrazo? – Yo pregunté.

– ¿De verdad quieres abrazarme? ¡Te golpeé!

– Te amo, ¿hablemos?

¡Padre, sufro mucho! ¡Ya no quiero vivir! Dios fue injusto, debería haberme llevado a mí en lugar de a mi hermano. ¡No soy bueno para nada! – dijo Óscar con tristeza.

– ¡No hables así! ¡Dios sabe lo que hace! – dije, consolándolo. Lo animé, hablamos media hora, pero ya era tarde, temí que mi esposa se preocupara y me despedí. Caminé dos cuadras, sentí unas ganas enormes de regresar y lo hice. Empujé la puerta, entré a la casa a toda prisa, mi corazón estaba acelerado y encontré a Oscar poniendo una cuerda en la estructura del techo de la lavandería. Comprendí que mi hijo quería suicidarse. Lo retuve.

– ¡Déjame, padre! ¡Quiero morir!

Lo apreté aun más fuerte y, temeroso de no poder detenerlo, grité pidiendo ayuda. La gente que pasaba por la calle y los vecinos corrieron en mi ayuda y me ayudaron a sostenerlo.

Tuvimos que amarrarlo, vino el médico que llamó y le puso una inyección que lo puso a dormir.

Lo llevamos a nuestra casa, mi esposa y yo lo cuidamos mucho, vendimos sus muebles, saldamos sus deudas y alquilamos la propiedad para que tuviera algo de ingresos, además de enviar dinero a mi nuera, que se mudó con sus padres y consiguió un trabajo.

Oscar pareció mejorar de su depresión y fue a buscar trabajo. Terminó encontrando a Leda y volvieron a ser amantes. Mi hijo cambió, volvió a ser feliz, dejó de tomar medicamentos, consiguió un trabajo, aunque éste era mucho más modesto. Mi esposa y yo no dijimos nada, temíamos su reacción, que intentara suicidarse nuevamente.

Meses después nos enteramos de lo sucedido, de la desencarnación de Leda. Oscar lloró mucho, volvió a estar triste y lo llevamos al médico nuevamente. Empezó a tomar medicamentos y empezamos a vigilarlo de nuevo.

– Ya muerta, no será de nadie, ni mía, ni del marido, ni del otro. Me encantó una lasciva – se quejó.

Con nuestro cariño reaccionó, volvió a la vida normal y meses después buscó a su mujer para reconciliarse, pero ella no lo quería, estaba con otro. Oscar se interesó por sus hijas y empezó a verlas con frecuencia. A los tres años consiguió otra compañera, buena persona, espírita, y terminó siendo espírita también, tuvieron tres hijos.

Con todo eso, nos volvimos realmente espíritas, comencé a estudiar la Doctrina y años después fui presidente del Centro Espírita al que asistíamos. Hice mucha caridad, ayudé a la gente, tuve una desencarnación pacífica después de unos días de enfermedad. Y seguí activo en el plano espiritual; después de estudiar, fui a trabajar a otro Centro Espírita, donde trabajaban Virgilio y Silze, y luego vine a proteger a Angélica.

Voy mucho a visitar a mi familia. Mi esposa, que también está desencarnada, trabaja en un hospital en el plano espiritual. No quería trabajar en el Centro Espírita al que asistía cuando estaba encarnado, quería aprender de diferentes personas y también porque mis hijos van allí y no quería quedarme directamente con ellos, por miedo a hacer sus tareas...

Porque no creía que estaba preparado para guiarlos sin ser paternalista y eso podría hasta perjudicarlos, porque cuando nos enseñamos la lección unos a otros, los privamos de aprender. Y el aprendizaje es un gran tesoro, patrimonio del espíritu que nos acompaña dondequiera que estemos llamados a vivir.

– "¿Tengo alguna conexión con Angélica?"

La tengo.

Yo estaba en otra encarnación como Marcílio, su marido.

En ese momento, cuando la conocí, ya había pasado la edad para casarme. Mis preocupados padres trataron de encontrarme una novia.

Al principio me repugnaba, pero cuando vi a Angélica, cambié de opinión y comencé a cortejarla. Nada demostró que ella no quisiera, salimos, nos comprometimos y nos casamos.

Quería mucho a mis hijos, eran hermosos, sanos y pensaba que todo estaba bien. Confié en ella y fue terrible lo que pasó. Estaba trabajando cuando me dijeron que volviera inmediatamente porque mis hijos estaban desaparecidos.

Cuando llegué a la estación de la ciudad donde vivíamos, mi jefe me estaba esperando, trató de darme la noticia, suavizándola:

– Marcílio, tus dos hijos están desaparecidos, estaban cerca del lago, los buscamos y no los encontramos.

– ¿Muertos? – Pregunté con miedo.

– Dije desaparecido, no sabemos qué pasó – contestó.

– ¿Y Angélica? ¿Qué hacían mis hijos allí? – Pregunté.

– Todo indica que estaban con su madre, que ella estaba en la casa abandonada, los dejó afuera y nunca los volvió a ver.

– ¿Ella estaba en la casa y los dejó afuera? ¡No entiendo!

– ¿Qué estaba haciendo Angélica allí? ¡Dime por favor! ¡La verdad! – Pregunté.

– Tienes derecho a saber – dijo mi jefe –. ¡Angélica estaba con un amante!

– ¡Dios mío!

Sentí que me iba a desmayar, fui apoyado por amigos. Entendí que mis hijos debían estar muertos. Participé en la búsqueda del lago. Al verlos muertos sentí tanto dolor que no sé cómo no me morí. Ni siquiera estaba enojado con Angélica, pensé que ya había tenido su castigo, pero no quería verla más. Salí de esa ciudad. Más tarde supe por ella que había ido al convento.

Sufrí mucho, fue un período difícil para mí, pero me recuperé gracias a la fe que tuve.

A los dos años encontré otra compañera, una señora de mi edad, viuda con dos hijos, la ayudé a criarlos y tuvimos un hijo. Nunca olvidé este doloroso evento, pero tuve el resto de mi vida en paz y fallecí debido a un infarto. Fui ayudado, acepté la ayuda y pronto me adapté al plano espiritual. Visité a Angélica en el convento y en el asilo, comprendí que ella también sufría mucho, así que realmente la perdoné.

Estuve desencarnado durante unos años y reencarné de nuevo. Entendí que yo no era para ella, en ese momento, un esposo cariñoso, pude haber sido un poco más romántico, al darme cuenta que ella era joven, que quería ser amada y amar. Pensé que dándole cierto consuelo y que siendo madre, todo saldría bien. Sin embargo, no se justifica lo que hizo, no se justifican los errores, se cometen errores. Sin embargo, hay intención y se tienen en cuenta los motivos, por lo que la reacción no es la misma para el mismo error. Y ella sufrió mucho y trajo, por arrepentimiento, las consecuencias en esta encarnación. Fue juzgada, sí, porque nadie la culpaba, solo ella, indigna de ser madre. Su remordimiento enfermó su órgano reproductivo, pues se sentía digna de sufrir y ahora se sentía aun en deuda con las leyes divinas.

Esto puede suceder; sin embargo, cada uno reacciona de una manera, pero las reacciones, si no se anulan con mucho amor, vienen reajustándonos, armonizándonos.

Podría haberla ayudado más. Me creí, en ese momento, muy noble por no haberla matado.

Pero la castigué, la eché de la casa, la dejé a la intemperie, seguro que no nos amábamos y que debió resistir la tentación de conocer a Fabio. Porque los dos son espíritus que desde hace varias encarnaciones se han conocido y amado. En la anterior acordaron en el plano espiritual volver al plano físico y mantenerse separados. Porque debían reconciliarse con sus descontentos. Fabio con su esposa y Angélica conmigo. Pero no pudieron resistir y debido a la imprudencia, ocurrió la tragedia.

Fabio, en una encarnación anterior, había sido marido de su mujer en la existencia en que ocurrió la tragedia; para casarse con Angélica, la asesinó. Necesitaban volver a estar juntos para que él fuera un buen marido, para acabar con su dolor.

Yo, en el pasado, actué mal con ella, la hice odiar. En el siglo XII, yo era monseñor y le aconsejé al padre de Angélica que la metiera en el convento, porque no quería que se fuera para casarse con Fabio, que en ese momento era un simple empleado. Angélica fue forzada al convento y yo me enamoré de ella, comencé a acosarla, a atormentarla. La violé y ella se embarazó, tuvo el niño y yo lo mandé adoptar, sin dejar que lo viera. Angélica me odiaba. Un día, cuando fingía aceptar mi cariño, me golpeó en la cabeza, me robó y logró escapar del convento. Fue tras su amor y huyeron juntos. Estuve postrado en cama durante días con fiebre. Cuando mejoré me di cuenta de lo que hizo, la odié y le prometí venganza. Cuando me recuperé, comencé a perseguirlos, mandé a algunos hombres a averiguar dónde estaban y les pagué con dinero de la iglesia. No tardaron en informarme que los dos vivían felices en un pequeño pueblo, como si estuvieran casados.

Mandé a que los mataran y así lo hicieron; Angélica estaba embarazada. Continué mi vida religiosa falsa, enfermé y desencarné. Por este abuso y por otros errores sufrí mucho. Angélica y Fabio me persiguieron durante años, luego los rescataron y nunca más los volví a ver.

Supe; sin embargo, que se quedaron por algunos años en una Colonia espiritual y después reencarnaron. La vida nos separaba, pero era necesaria la reconciliación. Nos volvimos a encontrar, Angélica y yo, antes que yo me reencarnara en Marcílio, y prometimos permanecer juntos, para acabar con el rencor.

Le prometí ayudarla, ser su compañera y amigo. Esa encarnación fue importante para mí, vencí la tendencia a pensar que estaba ofendido y quería matar o mandar, no quería lastimarla, no la lastimé, aunque tampoco la ayudé.

Y es porque no los he ayudado que siento la necesidad de hacerlo ahora, por eso pedí a los planificadores espirituales y tuve permiso para ayudar a Angélica y Fabio, tratando de guiarlos para que procedan bien y que puedan progresar juntos sin egoísmo, por eso aprender a amar de verdad. Y seguro que para enseñarles tendré que aprender y eso me vendrá muy bien.

Ahí está, amigo, mi historia de aciertos y errores, de alguien que quiere mejorar, sentir la misericordia del Creador en sí mismo y en todos.

Y Carmelo tiene razón, amar de forma pura, sin egoísmo, con desapego, es difícil, pero cuando queremos, podemos aprender. La meta de todos debería ser aprovechar las oportunidades para aprender a amar. Y Carmelo, no como deudor, sino como aprendiz, estaba allí en el trabajo edificante con los antiguos enemigos, aprendiendo a amar.

¿Y Fabio? ¿Qué le sucedió? ¿Cómo le fue después de la separación de Angélica en la encarnación anterior?

Fabio también tenía una historia interesante. Y para que comprendan todos los hechos, se la vamos a narrar, además de hacernos comprender la justa ley de la reencarnación.

Los padres de Fabio, Joaquim y Esmeralda, vivían en una ciudad grande y concurrida.

Cuando Joaquim la conoció, la amó, y este amor creció con su noviazgo.

Esmeralda era muy hermosa y él era muy celoso, temeroso de perderla, de compartir su cariño y amor con otras personas. Posesivamente, la quería toda para él. Se casaron y, con el pretexto de vivir en un lugar más tranquilo, él compró una casa en un lugar alejado de los familiares de ella y comenzó a visitarlos con poca frecuencia, y también insinuando que no eran bienvenidos. Tenía celos de ella con sus hermanos, con su padre y hasta con su madre. Pero él no habló abiertamente, la manipuló para que hiciera lo que él quería. Trató de compensarla con regalos, golosinas, caminatas y viajes. Esmeralda extrañaba a su familia y amigos, pero se acostumbró y, aunque vivía en la misma ciudad, rara vez los veía.

Un día, su hermana le dijo:

— Esmeralda, ¿no crees que tu esposo es extraño? ¿Qué está celoso de ti? ¿No te sientes encerrada?

Viven en esta casa aislada, tiene paredes altas y pocos vecinos. ¿Tienes amigos por aquí?

— De hecho la casa está aislada, tenemos pocos vecinos y solo los conozco de vista. Pero tengo un hermoso jardín, siempre me han gustado las flores y dedico mi tiempo a cultivarlas. Joaquim no es extraño y no tan celoso de mí. Es su forma de ser lo que parece diferente, pero es muy buen marido, me gusta mucho.

Pero esta conversación hizo que Esmeralda pensara, analizara y encontrara que su esposo la estaba separando de la gente. Ella trató de hablar con él, pero su esposo se justificó:

— Esmeralda, así se vive muy bien. ¿Por qué ser diferente? A la gente le gusta hacer conjeturas solo para desarmonizar. ¿Te estás perdiendo algo? Los miembros de su familia no vienen aquí porque no quieren y no se preocupan por recibirnos. Olvídate de ellos. ¡Te amo tanto!

Esmeralda también lo amaba y trataba de comprenderlo y, para no pelear, para no entristecerlo, aceptaba. Porque él también era así con su familia y se estaban mudando, uno viviendo para el otro.

Joaquim a veces sentía que su curso de acción no era el correcto, pero no tenía forma de superar sus celos. Si pudiera, se quedaría a su lado todo el día. Pero trabajaba y en el trabajo tampoco tenía amigos. Vivía solo para ella, como si fueran solo ellos dos en el mundo. Arregló todo de tal manera que ella solo salía con él. Pero él no la atormentaba, nunca peleaban, era muy tierno y romántico.

Tenía un buen trabajo, la casa en la que vivían era suya, además de otras propiedades que le daban una buena ganancia. Salían mucho, pero no eran asiduos a ningún lado por lo que no hacían amigos.

Esmeralda soñaba con hijos, él no los quería, pero, para no lastimarla, no lo dijo abiertamente, dijo que no debía preocuparse, que llegarían en el momento adecuado.

Pero algo hizo para evitar que Esmeralda tuviera hijos, porque no quería compartir su amor con nadie más. Ni siquiera le gustaba pensar que su esposa pudiera cuidar a un bebé, que ella no le prestaría atención.

Cuando era joven, Joaquim había conocido a un indio que vendía yerbas, hacía extrañas medicinas, él y sus amigos a veces le compraban algunos preparados, y Joaquim, curioso, le preguntó y supo de una droga que dejaba infértiles a las personas. Nuestros indios tenían y tienen mucho conocimiento de plantas, y las que son anticonceptivas las conocen desde hace mucho tiempo. La medicina que le interesaba a Joaquim era un frasco, hierbas. Debía tomar una dosis todos los días con el estómago vacío. Desde que escuchó que del "herbolario", como llamaban al indio, pensaba llevársela cuando se casara y eso nadie debía saberlo.

Y así lo hizo. Esmeralda creía que era para la bronquitis y que tomándolo no le darían las crisis, pero nunca tuvo esta enfermedad. Joaquim, satisfecho, vio que funcionaba, aunque tenía algunos efectos secundarios, pero no se quejó. Cada vez más enamorado de su esposa, temía tener hijos para compartir su amor.

Esmeralda siempre había soñado con tener hijos. Esperanzada, con el anhelo de quedar embarazada. Llevaban siete años casados y él no la entristecía.

– Mi amor, somos felices tú y yo. Si Dios no quiere darnos hijos, amoldémonos. No me importa, tenerte es suficiente para mí.

Ella pensó que él también quería hijos, que solo hablaba así para complacerla. Encontró a su esposo amable y amoroso.

En unas vacaciones suyas, se fueron a viajar lejos, se llevó el frasco con su preciada medicina.

Pero cuando lo tomó por primera vez, se le cayó y la botella se rompió. Se molestó y se preocupó.

– Joaquim, llevas años tomando este medicamento, no necesitarás dejar de tomarlo durante unos días, entonces el clima aquí es bueno, el aire de la montaña te hará bien.

Pensó y concluyó que tal vez ella tenía razón, lo había estado tomando durante tanto tiempo que su efecto debería continuar durante unos días incluso sin tomarlo. Las vacaciones transcurrieron con normalidad y días después regresaron. Un mes después se enteró que estaba embarazada.

– ¡Qué feliz soy! Dios escuchó mis oraciones. ¡Un hijo! Joaquim disimuló su decepción, sonrió y la complació.

Pero los celos lo atormentaban. Pensé con tristeza:

– "No puedo permitir que otro ser interfiera entre nosotros. Será amamantado, mimado, mi Esmeralda me dejara de trasfondo. No puedo permitirlo. Pero, ¿qué debo hacer?"

Poco a poco, planeó todo. Convenció a Esmeralda de tener al niño en casa, eso fue fácil, porque en esa época era común.

El indio le dio la dirección de una mujer que era buena partera y que por dinero haría todo lo que le pidieran. Fue a buscarla y resolvieron todos los detalles.

– Darás a luz al bebé, sacarás al niño de la habitación y me lo darás. Dile que el niño nació muerto. Debo irme y volver pronto, entonces puedes irte y nunca volver. Y ya sabes, secreto absoluto.

– Yo valgo lo que me pagan – respondió la india –. No hablaré con nadie. Trato es trato. Haré exactamente lo que me pides. Pero, ¿qué hizo ella para merecer esto? ¿El niño no es tuyo?

Joaquim no contestó y la mujer no dijo nada más.

Recibió el dinero, la mitad en el trato y la otra mitad la recibiría después del trabajo.

Llegó a casa feliz.

– Esmeralda, contraté a la mejor partera para que te ayude a dar a luz. Es una india entrenada.

– Quería ir al hospital, mis hermanas tenían hijos con médicos.

– ¡No será necesario! Todo va a estar bien. Esta partera es mejor que un médico – dijo con decisión.

Esmeralda todavía discutió, pero no lo convenció. Decidió que sería como él quería y trató de pensar en la ropa; solo hablaba del bebé, y Joaquim, celoso, escuchaba en silencio, pensando que tenía razón, que tendría que deshacerse del niño.

Pero había otro problema: ¿qué hacer con el niño? Un día, una persona que trabajaba con él comentó que tenía una prima que había enviudado con tres hijos pequeños, que estaba necesitada y que le costaba encontrar trabajo. Joaquim, sonriendo, le dijo:

– Dame la dirección de tu prima, tal vez pueda conseguirle trabajo.

La mujer, cuyo nombre era Eugenia, vivía en un pueblo cercano. Con la dirección en la mano, tuvo una idea, y al día siguiente fue a buscarla.

– Vine aquí porque necesito ayuda y tú también necesitas ayuda. No voy hablar quién soy y no quiero ni que investigues. Mi hermana es soltera, ella está conmigo y mi esposa actualmente, porque está embarazada. Pero mi padre no puede saberlo, es intransigente, conservador y nunca aceptaría una hija de madre soltera. Seguramente, si se entera, la expulsará o la mandará a un convento. Me gusta mucho y decidí ayudarla. Estamos ocultando el hecho que ella tendrá el niño y necesitamos a alguien que lo cuide hasta que ella pueda quedarse con el niño. Necesitas trabajar y, si aceptas, te pagaré bien, podrás cuidar de los tuyos y uno más. Si tu respuesta es sí, te empiezo a pagar.

La mujer aceptó pensando que era una propuesta maravillosa.

Eugenia sabía cuidar bien a los niños y luego podría quedarse en casa cuidando a sus hijos, y con el dinero que recibiría todos los meses, podría vivir relativamente bien.

Joaquim acordó con ella que, cuando el niño estuviera por nacer, ella vendría a la ciudad y esperaría en una pensión. Ella aceptó, su madre se quedaría con sus hijos.

Planificó todo, incluso compró ropa y se la entregó a la señora. Trajo a la partera india para que la conociera Esmeralda. Llegó el momento que naciera el niño, la partera fue a la casa y el parto fue fácil.

Aunque siempre resulta en dolor y alguna molestia para la madre, la india pudo hacer el arreglo sin dificultad. Rápidamente llevó al bebé a la sala y se lo entregó a Joaquim, quien lo envolvió. Por segundos miró al niño, era un niño perfecto y hermoso. Lo llevó rápidamente a la pensión y le pidió a Eugenia que se fuera pronto.

– Lo limpiaré y vestiré, en dos horas estaré en el tren a mi casa. Y puede estar tranquilo, señor, lo cuidaré bien.

Joaquim regresó rápidamente a casa. Esmeralda estaba descansando, la india recibió su pago y se fue. Entró en la habitación.

– Joaquim, ¿qué le pasó a nuestro hijo? ¿Realmente nació muerto?

– Lo llevé corriendo al médico, pero el niño estaba muerto. ¡Lo siento mucho!

Él la complacía, la consolaba, pero Esmeralda estaba desconsolada y eso lo enfurecía más, pero se controlaba.

– Tendremos otro, ¿no? ¡Quiero un hijo! – Dijo Esmeralda, llorando.

– ¡Por supuesto! Pero ahora trata de descansar.

– ¡Quiero ver a nuestro hijito! Tráelo aquí para que pueda besarlo.

– Esmeralda, está muerto. Ya se estaba desmoronando, las monjas organizaron el entierro.

Ella aceptó y agradeció a su esposo por el cuidado que tuvo con ella, pues pensó que él estaba sufriendo, pero que él hacía todo lo posible por ayudarla. Las familias sabían, había visitas, la madre de Esmeralda criticó:

– Tal vez fue el caso que la llevé a un hospital.

– Habría sucedido de la misma manera. El niño estaba muerto – respondió secamente.

Todo estaba volviendo a la normalidad. Joaquim logró, a cambio de un pago extra, registrar al niño, el hijo, como padres desconocidos, lo nombró Fabio, un apellido inventado y lo envió a Eugenia. Lo hizo porque también enviaba el dinero cada mes acordado por un mensajero, un joven que realizaba este tipo de servicio. Metió las papeletas en un sobre cerrado y a veces le pedía a Eugenia que escribiera unas líneas dándole noticias.

Esmeralda quería ver la tumba de su hijo. Entonces Joaquim compró una, hizo una hermosa lápida con el nombre que su esposa había elegido si el niño era un niño: Gabriel.

Fueron, ella trajo flores, lloró y él la consoló. No había nada enterrado, pero ella pensó que su amado hijo estaba allí. E iba mucho al cementerio. Joaquim no descuidó la medicación, siguió siendo el marido amoroso que hacía de todo para distraerla y ella trataba de disimular la tristeza cuando estaba con él.

Pasaron tres años cuando Eugenia le escribió. Envió la carta por el mensajero, que necesitaba mucho verlo. Joaquim fue a su casa, hablaron en la sala.

– ¿No quieres ver a tu sobrino? – Preguntó Eugenia.

– No, prefiero no verlo. ¿Él está bien?

– Sí, lo es. Y un chico guapo e inteligente. Te llamé aquí porque me vuelvo a casar y me mudo. Y tengo que tener tu autorización para llevarme al niño – dijo Eugenia.

– Mi hermana también se casó y el marido no puede saber de este hecho, del hijo. ¿Quieres al chico?

– Lo amo como si fuera mío. Fabio me dio suerte, con el dinero que nos envías, no lo necesitamos. Está contento con nosotros, queremos seguir con él – dijo Eugenia.

– ¡Por supuesto! – respondió Joaquim –. Por mí está bien, se ha acostumbrado a ti, te lo puedes llevar. Le darás la dirección al mensajero, haré los arreglos para enviarle dinero dos veces al año hasta que sea adulto. Pero no podrás decirle nada. ¿Está bien?

– Ni aunque quisiera decir que no podría, ni siquiera sé tu nombre.

Eugenia se casó, se mudaron y Fabio se fue con ellos. Era una mujer sencilla pero amable, le gustaba el chico como si fuera suyo. Fabio creció, era inteligente, estudioso, se llevaba bien con los hijos de su madre adoptiva, eran como hermanos. A veces él quería saber sobre sus padres y ella le decía lo que creía saber:

– Eres hijo de madre soltera, fue tu tío quien te trajo para que yo te criara y nos ha estado mandando dinero. Su madre se volvió a casar más tarde y su esposo no sabe que tuvo un hijo. Ella ciertamente te ama, pero no puede estar contigo.

– Sabes, madre Eugenia, siento que mi madre me quiere y que a veces llora por mí – dijo Fabio.

– No lo pienses, eres mi hijo, aquí le caes bien a todo el mundo.

A veces era más curioso, pero Eugenia realmente solo sabía lo que le había dicho y le aconsejó que no pensara ni se enfadara.

– Esto fue hace mucho tiempo. No deberías tratar de averiguar nada, estás bien con nosotros, eso es todo lo que importa.

Cuando era adolescente, Fabio quería investigar, pero no lo hizo. Después de todo, no le faltaba nada, tenía una familia.

Joaquim, de tanto tomar las hierbas, se volvió impotente y se puso más celoso de su mujer. Esmeralda no hizo nada para molestarlo, lo entendió y pensó:

– "Él sufrió con la muerte de nuestro hijo, no lo demostró para no ponerme peor. Quería otros hijos pero no dijo nada, por miedo a ofenderme, porque yo tengo la culpa."

Joaquim a veces miraba a su mujer y sentía remordimiento. ¡Ella era tan buena! Y siempre estuvo en contra de la adopción.

– Esmeralda, si Dios no nos dio más hijos, debe tener sus razones. Después de haber estado embarazada una vez, puede volver a quedar embarazada.

Cuando fue mayor, solía poner excusas por mi edad.

– Ya somos viejos y no hacen falta niños, nos tenemos el uno al otro.

Joaquim estaba enfermo, postrado en cama y su mujer lo cuidaba con mucho cariño. Dejó de enviar dinero, pero Fabio ya era joven y ya trabajaba.

Joaquim sufrió mucho y desencarnó. Esmeralda se encontró sola, estaba separada de todos. Comprendió que ella también era culpable, porque aceptó lo que había hecho su marido. Antes que su marido enfermara, a escondidas de él, Esmeralda iba mucho a un orfanato que quedaba cerca de su casa y, viuda, empezó a trabajar allí como voluntaria, dedicando todo su tiempo al cuidado de los bebés. Hizo un testamento dejando todo lo que tenía a la institución.

Desencarnó en silencio mientras hacía biberones en el orfanato. Fue rescatada por buenos desencarnados que trabajaban ayudando a los niños allí albergados, la llevaron a una colonia y pronto estuvo bien.

– Quería ver a mi Joaquim, desencarnó delante de mí y no lo vi.

Esmeralda siempre preguntaba. Después de un tiempo, cuando ella estaba trabajando, siendo útil, el consejero la llamó para conversar.

– Esmeralda, Joaquim no está aquí en la Colonia. Vaga por el Umbral, donde ha estado desde que desencarnó.

– ¿Mi Joaquim? Pero ¿por qué? Era tan bueno… – Preguntó sorprendida.

– Puedes visitarlo en tres días, te acompañaré. Iremos a donde está, pero prepárate para saber algo desagradable y perdonar.

Esmeralda pensó y concluyó que tal vez ella desconocía algo que había hecho su esposo para haberse ido y estar en el Umbral tanto tiempo. Tal vez una traición, pero eso no importaría tanto. Esperaba con ansias la visita. Aunque ya había estudiado cómo era el Umbral, le impactó y lo encontró un lugar feo y sucio. Al ver a su esposo en el rincón de una cueva oscura, Esmeralda se apoyó en su consejero y él le dio fuerzas. Se acercó:

– ¡Joaquim!

¡Esmeralda! ¿Tú aquí? – Exclamó, sorprendido.

– Yo también desencarné y vine a verte. ¿Por qué estás aquí, mi marido? – Preguntó Esmeralda.

– El remordimiento...

Iba a dejar de hablar, pero el asesor quería ayudarlo, quería que le dijera a Esmeralda lo que había hecho, que le pidiera perdón, y habló despacio.

– Esmeralda, nuestro hijo no murió...

Él le contó todo, ella escuchó, temblando y llorando.

Cuando terminó, se hizo un profundo silencio, hasta que ella logró hablar:

– ¡Dios mío! ¿Por qué hiciste eso, Joaquim? ¿No comprendes que nuestro amor no disminuiría? ¿Que al dividirse aumenta? ¿Cómo pudiste? ¡Quiero irme! Por favor, ¡llévame!

El consejero la sacó y Joaquim volvió a su rincón. Regresaron a la Colonia; Esmeralda lloró mucho. Después de desahogarse, el asesor la consoló:

– Necesitabas saber lo que pasó, pensamos que tendrías fuerzas, que no te desesperarías y que lo perdonarías.

– No me desespero, lloro porque lo que hizo fue algo que me impactó, nunca pude imaginar, es increíblemente espantoso. Lo perdonaré, quiero hacer todo lo posible para no sentir pena por él. Lo más difícil será que se perdone a sí mismo. Si mi hijo está encarnado, quiero verlo. Por favor, llévame a conocerlo.

Y Esmeralda fue a conocer a Fabio, que ya vivía en otra ciudad, y había ocurrido un accidente con los hijos de Angélica. Siempre podía visitarlo y lo amaba mucho.

Esmeralda también perdonó a Joaquim, fue a visitarlo muchas veces, lo guio, y fue después de muchos años que pudo ser ayudado. No se quedaron juntos, pero ella lo ayudó mucho.

Esmeralda quería saber si había algún motivo para que Joaquim actuara de esa manera.

– ¿Será que Joaquim y Fabio eran enemigos? ¿Por qué el marido estaba tan celoso? ¿Cómo podía hacerle eso a su propio hijo?

Estas fueron las preguntas que le hizo a su asesor, quien, para responder, la acompañó al Departamento de Reencarnaciones, en la Colonia, y Esmeralda pudo entonces averiguarlo.

En su encarnación anterior conoció a Joaquim, que la amaba, pero ella estaba casada. Su marido no era bueno, bebía y la golpeaba, Joaquim quería que se separara de su marido para quedarse con él, pero ella no quería, decía que no podía por sus hijos.

Él estaba soltero, solo, amándola desde lejos. Fabio, en esa encarnación, no tenía nada que ver con él, no se conocían, no eran enemigos ni amigos. Serían padre e hijo.

    – Muchas veces, Esmeralda – explicó el asesor –, pensamos que las desavenencias son solo de encarnaciones pasadas. Sucede que el que no está armonizado en el amor siempre comete desafectos.

Joaquim, albergado, empezó a hacer quehaceres, estudiar y someterse a un tratamiento que le ayudó a recuperar el equilibrio.

Fabio creció con Eugenia como su madre, sus hijos como sus hermanos y nunca buscó investigar o aprender más sobre el misterio de su nacimiento. Era un joven cautivador, guapo, hablador, muchas jóvenes se interesaban por él, incluida Rosita. Comenzaron a salir y él sintió que necesitaba protegerla. A veces este sentimiento era tan fuerte que no podía entenderlo. Rosita no necesitaba protección, su padre era muy bueno, tenía una familia estructurada y feliz. Pero su padre no quería que salieran juntos. Rosita insistió, entonces su padre consiguió un buen trabajo para Fabio en la oficina de correos. Se casaron, vivieron bien y tuvieron tres hijos, dos niños y una niña. Fue ascendido y trasladado a otra ciudad, que estaba lejos de donde vivían.

Les gustaba la ciudad. Tan pronto como se mudaron, Fabio vio a Angélica y no pudo pensar en otra cosa. Le gustaba su esposa, pero se enamoró de Angélica, parecía que al verla había encontrado al gran amor de su vida. Pero estaban casados y trató de resistir la tentación de verla y concertar una cita. Pero terminó haciéndolo. Sintió que la amaba mucho cuando la tuvo en sus brazos e hizo todo lo posible por conocerla. Su esposa sospechaba, no quería lastimarla, era muy amable, pero no podía quedarse sin ver a Angélica.

Cuando ocurrió el accidente, todos lo supieron. Rosita lloraba mucho y Fabio se sentía terrible. La esposa mandó llamar a su padre. Éste vino, supo todo, no dijo nada y volvió a su casa, pero logró sacar a Fabio de esa ciudad.

 – Fabio – dijo Rosita – ¿quieres ir tras ella o quieres cuidar de tus hijos? Quizás ellos también mueran sin ti.

Le dolió mucho, recordó que era hijo adoptivo y que nunca supo quiénes eran sus padres. Sufría por ello y no tenía derecho a hacer sufrir a sus hijos. Lo que les había pasado a los hijos de Angélica era suficiente.

– Me quedo contigo y con nuestros hijos, perdóname, Rosita, fue una locura.

– Una locura que hizo infelices a muchas personas. Te perdono porque tenemos hijos y ellos merecen tener un padre y una madre para que no sean como tú, huérfanos en la vida.

Aunque se sintió cobarde, no buscó a Angélica. Mientras la gente del pueblo buscaba a sus hijos, él fue a la casa abandonada y escribió la nota. Solo salió a trabajar, y todos lo vieron comentando, y no supo cómo actuar. Escuchó que el esposo de Angélica la había echado de la casa y que ella se había ido al convento, sintió alivio, allí ella estaría protegida. Se mudó lejos con la familia. Nunca más fue feliz. Él amaba mucho a Angélica y estaba arrepentido por no haberla ayudado, por haber hecho mal, por no haber resistido la tentación de tenerla. Se sentía culpable por tanta infelicidad. Y trató de ser un buen esposo, Rosita realmente lo perdonó, se reconciliaron, comenzaron una nueva vida, donde nadie sabía lo que había pasado, y tuvieron dos hijos más. Logró ser un buen padre y esposo.

Rosita desencarnó, enviudó, se jubiló y se fue a ayudar con trabajo voluntario en un asilo, pensando que de alguna manera así estaría unido a su gran amor, pues sabía que Angélica también trabajaba en un asilo. Le gustaba su trabajo, empezó a dedicarle todo su tiempo y fue allí que uno de los albergados le habló de ciertas enseñanzas, que, aunque para ellos no se llamaba Doctrina Espírita, era el conocimiento de la verdad en un manera sencilla y justa, otra manera de entender las enseñanzas de Jesús. Fabio se interesó mucho y comenzó a experimentarlos.

Desencarnó, fue ayudado por los espíritus que lo ayudaban en el asilo y pronto se adaptó. Activo, empezó a trabajar y estudiar. Se reunió con Angélica, hablaron mucho y le pidió perdón.

– Perdóname, Angélica, fui un cobarde al dejarte así. Nos equivocamos juntos y tú sufriste mucho más.

– Te entiendo, Fabio, y creo que hiciste lo correcto. No podías abandonar a tus hijos. Todo ha pasado y no hay forma de cambiar los acontecimientos. Fuimos imprudentes, no pudimos resistirnos, habíamos acordado mantenernos separados. Te perdono, pero es difícil perdonarme a mí misma. Debimos resistir y no descuidar a nuestros hijos.

– Fuimos imprudentes, pero no quisimos hacer daño.

– No debimos haberlo hecho, no hay justificación – dijo Angélica.

Decidieron estudiar, aprovechar la oportunidad de aprender en el plano espiritual y planear reencarnar.

Fue una alegría para Fabio conocer a su madre, Esmeralda, pero se sorprendió al escuchar todo.

– ¡No entiendo! ¿Por qué? – Preguntó Fabio sorprendido.

– Hijo mío, Joaquim estaba desequilibrado – explicó Esmeralda –. Sería tan lindo que lo visites, que reciba tu perdón.

Fabio pidió algo de tiempo para esto, pensó que toda su historia era increíble. Meses después, sintiéndose preparado, fue a visitar a su padre con su madre. Se abrazaron. Joaquim le pidió perdón llorando.

– No pude haberte hecho eso, te privé del amor de una madre, perdóname, hijo mío.

– ¡Te perdono! ¿Por qué no olvidamos todo esto? La vida continúa y siempre tenemos la oportunidad de aprender. ¿Quién no lo ha hecho? Seamos amigos.

Angélica quería reencarnarse, quería olvidar y Fabio decidió hacerlo también; pidieron y sus solicitudes fueron concedidas. Suplicó a los mentores:

– Para disfrutar mejor de esta reencarnación, me gustaría, si es posible, tomar prestados los bienes materiales y después perderlos.

– Tu pedido será aceptado; no serás muy rico, pero tendrás bienes que administrar, y si eres trabajador, después de perder no estarás necesitado. Pero, ¿cómo quieres pasar por eso? – Preguntó uno de los asesores.

– Quiero reencarnar entre una familia de medios económicos, ser rico y ser pobre – dijo Fabio, decidido.

– ¿No prefieres lo contrario? Tal vez puedas rebelarte.

– Eso es lo que quiero. Demostrarme a mí mismo que superaré esto y no me rebelaré.

– Está bien, así será – dijo el consejero.

Fabio y Angélica no tenían planes de volver a encontrarse. Ella dijo:

– Que nos pase lo mejor.

– No estaremos lejos, pero también prefiero pensar como tú, que este encuentro es por nuestro bien. Quiero hacer buen uso de esta oportunidad de reencarnación.

– Yo también – dijo Angélica.

Y se volvieron a encontrar. Con los niños, todo el mundo estaba bien en la casa del acantilado. Después del juego de la ouija, iban a menudo al

Centro Espírita, y todas las semanas hacían el Evangelio en casa, leían libros espíritas y Henrique participaba de la Juventud Espírita y no sentía nada diferente. Fabio y Angélica realmente se hicieron espíritas y se amaban cada vez más.

Angélica terminó la secundaria y decidieron casarse. Aunque estaba feliz, se preocupaba, pensaba mucho. ¿Cómo privarlo de ser padre? Decidió hablar con él.

– Fabio, te amo, pero sabes que no podré tener hijos.

– Lo supe poco después de conocerte. ¿Recuerdas? Me dijiste, me pareció gracioso, en ese momento solo estaba interesado en ti. Pero ¿por qué te preocupas ahora? Entonces, los niños no son solo los biológicos. Siempre quise adoptar un niño, incluso hice una promesa. ¡Es verdad! Te diré cómo lo hice.

Siempre me han gustado estas montañas, desde que daba un paseíto por ellas: de excursión, con guías, con mi padre. Una vez, a los diecinueve años, organicé una gira con un grupo de niños de entre diez y quince años. Subimos a la cima de una de las montañas, fuimos en camión al sendero y después de eso, todos estábamos felices. Arriba hay una belleza, la vista es encantadora, hicimos nuestro picnic y luego decidimos ir más allá, siguiendo otro sendero. Organizamos la fila y vi, preocupado, que faltaba uno de los muchachos. Traté de no ponerme nervioso, le pregunté a la clase, nadie lo había visto. ¿Dónde estaba Juan Alfredo? Así se llamaba al chico. ¿Habría vuelto abajo?

¿Se quedó atrás? ¿Dónde estaría? Después de una hora de búsqueda, comencé a desesperarme.

Organicé tres grupos para buscarlo, le hablé al primer grupo:

— Vayan por este sendero, pero no muy lejos, caminen treinta minutos y luego regresen, aunque no lo encuentren. Quédense dos aquí, tal vez se ha ido y vuelve; y ustedes, del tercer grupo, bajen y pidan ayuda antes que oscurezca. Lo voy a buscar en el bosque.

Caminé tratando de no perderme, me lastimé todo, me rasqué y no lo pude encontrar. Me dirigí a donde estaba el segundo grupo, que se quedó donde almorzamos, el primero volvió y nada en encontrarlo. Me desesperé, era mi responsabilidad, fui yo quien organizó la caminata, me alejé de ellos, me arrodillé en el suelo y oré con fe:

— ¡Dios ayúdanos! ¡Que encontremos a Juan Alfredo!

¡Te prometo que si lo encontramos, adoptaré un niño!

Yo estaba llorando y rezando, cuando escuché:

– ¡Fabio! Hey, tú, ¿dónde estás?

Corrí y allí estaba Juan Alfredo. Las lágrimas brotaron abundantemente, lloré de alivio al verlo bien. Lo que pasó fue que Juan Alfredo se fue sin decir nada a sus necesidades biológicas, encontró un lugar acogedor y decidió acostarse, descansar unos minutos y dormir. Increíble que no haya escuchado nuestros gritos, llamándolo. Nos sentimos aliviados y bajamos las escaleras.

Encontramos un equipo al lado del camión que iba subir para ayudarnos a buscarlo. Nunca volví a organizar excursiones. Le dije a mi madre la promesa que hice.

– Fabio – dijo – estabas desesperado cuando la hizo. Después, esto no se resuelve solo; tú, para adoptar un niño, tendrás que obtener el consentimiento de tu esposa.

Pidámosle al sacerdote que cambie esa promesa.

Pero no lo hice y pasó el tiempo. Ahora que

Soy espita, entiendo que no se deben hacer promesas, nada se debe dar a cambio de algo recibido, pero se hizo.

Y sería importante para mí que tú, Angélica, accedieras a adoptar un niño.

Realmente no me importa no tenerlos biológicamente, pero quiero tenerlos por amor, por el corazón.

Fabio se calló y Angélica lo abrazó.

– No solo uno, sino dos, tres. Seremos buenos padres, Fabio, cuidaremos, protegeremos a nuestros hijos. Hijos que Dios nos dará.

Su boda fue una fiesta muy bonita. Tuvo lugar en el jardín de la casa del acantilado, solo se casaron por lo civil. Se vistió con el traje tradicional de novia, se veía hermosa y, como Fabio, estaba muy feliz.

– Fabio, me siento muy bien, tranquila. ¡Es tan lindo estar contigo y sentir que por eso no hicimos infelices a nadie! ¿No es gracioso tener ese sentimiento?

– No. Porque yo también lo siento, tranquilidad. Y ver a todos contentos con nuestra felicidad es demasiado bueno – dijo Fabio, riendo.

Se fueron a vivir a un departamento en la ciudad.

Fabiana fue a la universidad y se fue a estudiar fisioterapia a otra ciudad. Estaba saliendo con Leco, quien también se fue a estudiar al exterior. Henrique hizo planes para continuar sus estudios. Roberto fue transferido, se mudarían.

Fabio compró la casa del acantilado y, tan pronto como sus suegros se mudaron, se mudaron allí. La casa sería ideal para recibirlos, ya que planeaban adoptar niños, los niños de su corazón.

Nena y Antonio se quedaron con ellos.

– Señorita Angélica, nos gusta mucho estar aquí y le agradecemos que nos haya dejado quedarnos. Te ayudaré con los niños – dijo la criada.

– Fabio y yo te lo agradecemos. Será bueno tenerlos con nosotros ya que mis padres se han mudado.

No me sentiré tan sola teniéndote cerca.

La pareja hizo cola para la adopción en la capital del estado, se les prometió que pronto tendrían un bebé. Angélica empezó a preparar el ajuar.

– Angélica – dijo Fabio – Estoy impresionado por un sueño que tuve anoche.

Soñé con una señora muy vieja, hermosa, tranquila, que me decía hijo y, curiosamente, yo sentía que era mi madre, y me decía:

– "Pronto, querido hijo, estaré a tu lado, como tu hija."

Me desperté extrañando inmensamente este espíritu.

– Fabio, este espíritu pudo haber sido tu madre en otra existencia y que se está preparando para venir a nosotros. Bien, me alegro, tendremos una hija.

Pero fue en el hospital de la ciudad que tuvo un huérfano que su madre abandonó. Era un niño que dejó bajo un nombre falso y sin cuidado se escapó del hospital, dejando al niño. El director llamó a Fabio.

– El niño está aquí, te lo podemos dar, será un huerfanito menos.

Fabio inmediatamente fue a hablar con Angélica.

– ¿Qué haremos? No debería tomar mucho tiempo para que recibamos a la niña que esperamos. ¿Seguimos con este? Pero es un niño y estamos esperando una niña.

– Fabio, ¿por qué no nos quedamos con este chico y seguimos en línea? Quizás tarde lo que esperamos, pero si no hay retraso, también podríamos tener ambos.

– Lo siento, quiero esperar a esta chica. Si crees que podemos tener ambos y no importará, el pequeño está bien.

– La niña me ayudará. A continuación, es nuestra intención adoptar a más de uno. Vamos a buscarlo.

Lo llamaron Marcelo. El niño encantó a todos, necesitaba cuidados especiales, era delgado y débil. Angélica y Nena, con cariño y mimos, lo cuidaron y pronto estuvo bien. Tres meses después, recibieron el aviso para recoger a una niña. Fabio estaba feliz.

– Y mi niña, Angélica. Vamos a buscarla, Nena se quedará con Marcelo.

Fueron el mismo día a la capital del estado a recoger a la niña.

– ¡Y nuestra Melina! ¡Te amo, pequeña! – Exclamó Fabio al verla.

Felices, la trajeron a casa.

Carmelo, que aun estaba con ellos, estaba muy feliz. Marcelo era Joaquim, el padre que abandonó a Fabio y que ahora venía por una reconciliación, pues la pareja también se había comprometido a enseñarle a amar de verdad. Melina había sido Esmeralda, ese espíritu no necesitaba ser abandonado, pero ella confiaba en Carmelo, quien hizo todo para encaminarla hacia Fabio, su amado hijo, desde que Angélica no podía concebir. Entonces, como decía Esmeralda: "Los padres son los que crean y el amor no es solo para los que generan." Y ella tenía razón. Así, Fabio tuvo en su casa espíritus reencarnados que fueron sus padres y ahora, siendo niños, retomarían lazos de afecto.

Renovaron la casa, hicieron que el lugar fuera divertido para los niños. Los niños tenían dos años cuando un empleado de Fabio desencarnó, dejando embarazada a su esposa. Esta pareja llegó a la ciudad con mucha necesidad de ayuda, venían de muy lejos buscando trabajo. Fabio hizo arreglos para que él limpiara un terreno, un lugar para vivir y pusiera a los niños en la guardería que cuidaba Angélica. Con alimentos y medicinas, los niños pronto se recuperaron. De repente desencarnó, tenía la enfermedad de Chagas. La mujer fue a hablar con él.

– Señor Fabio, usted es muy bueno, nos ayudó mucho, tengo tres hijos y este será el cuarto. Quiero irme para mi estado, para la ciudad donde viven mis padres, entonces para que nazca mi hijo. Quería que me ayudaras a ir y quedarme con este que estoy esperando.

– ¡Te ayudaré!

Y nació otro niño, Milton. Fabio y Angélica dieron la bienvenida a otro niño, un hermoso y saludable niño negro, y la mujer con los demás se fue y nunca más volvió.

Una adopción más ya que seguían en la lista. Fueron a buscar a Mónica, una niña hermosa y saludable.

– Bueno, ¡ahora la familia está completa! – exclamó Angélica –. ¡Cuatro niños!

– Parece que falta uno – dijo Nena riendo – el nombre que empieza con Mu.

Los niños crecieron fuertes, sin problemas y muy amados. Melina adoraba a su padre. Ella podría estar haciendo lo que sea que, cuando lo vio llegar a casa, corrió a abrazarlo.

– ¡Mi querido papá! ¡Mi pequeño! Todos rieron, divertidos.

Nena y Antonio ayudaron a Angélica a cuidar a sus hijos. Los niños los querían mucho y los llamaban abuelos.

A Fabio le iba bien económicamente. Tenía una heladería a lo largo de la costa y agencias inmobiliarias.

Era un buen jefe, daba trabajo a mucha gente, hacía todo lo posible para que sus empleados estudiaran y, a través de la inmobiliaria, consiguió trabajo para muchos.

Trató de pedir a los políticos que establecieran una guardería en el pueblo. Al no poder hacerlo, lo hizo él mismo y Angélica se encargó de ello. Había niños para que sus madres pudieran trabajar. Al ver que necesitaban una sala de emergencias, lo hizo, dando empleo a muchas personas. Solo él apoyó ese beneficio. A Angélica le gustaba trabajar allí, cuidaba a esas personas, las orientaba, incluso les enseñaba a tener higiene.

Los dos también ayudaron mucho en la asistencia social del Centro Espírita al que asistían.

Roberto y Dinéia siempre los visitaban y Henrique pasaba sus vacaciones con ellos, eran abuelos y tíos cariñosos. Así como la familia de Fabio, que vivía en la ciudad, amaba a los niños y siempre estaban juntos.

Fue entonces cuando Fabio tuvo una oferta tentadora: comprar una gran finca para lotizar.

– Angélica, parece que es mucho, pero para tener el dinero para comprarlo, tendré que deshacerme de él, vender muchos bienes que tenemos y tal vez incluso pedir un préstamo.

– Piensa entonces, Fabio. Haz lo que mejor te parezca, no entiendo de finanzas. Pero siento vender las heladerías, haces un trabajo tan bonito con los muchachos que empleas, pagándoles todos los meses y exigiéndoles que estudien. Si les pagaran solo cuando trabajaran, no estudiarían, ya que solo venden helados en vacaciones, feriados y fines de semana. Les brinda atención médica y siempre los está guiando y asesorándolos. ¿Hará eso quien compre las heladerías?

– Tengo que reflexionar sobre eso también. Pero esta granja me parece un buen negocio.

Y Fabio decidió pensar un poco más.

Carmelo estaba ansioso, esperando una respuesta y que el evento planeado se llevara a cabo satisfactoriamente.

Recordó que, hace unos días, había ido a la Colonia y pidió una audiencia con consejeros para hablar de Fabio.

– Sé que Fabio planeó tomar prestados, en esta encarnación, bienes materiales y perderlos después. Pero este evento involucrará a muchas familias, personas. Dirige bienes raíces, una cadena de heladerías, emplea a muchas personas. Es activo en la asistencia del Centro Espírita al que asisten, tiene buenas ideas, financia emprendimientos y con su dinero se sostienen muchas familias. También está el trabajo que hace con niños que estarían en la calle si no fuera por lo que les ofrece. Y ahí está la guardería en el pueblo, el apoyo de la sala de emergencia y el albergue para los niños es caro y, si pierde, todo se cerrará. Y allí el único lugar que tienen las madres pobres para dejar a salvo a sus hijos para ir a trabajar, y los enfermos tienen médico y medicinas gratis.

Los consejeros se quedaron a estudiar y darle la respuesta. Carmelo también esperaba con esperanza que se desarrollara otro evento. Recordó la conversación que había tenido meses atrás con Osvaldo, sí, el que rondaba la casa del acantilado desde hacía tanto tiempo.

– Quiero, Carmelo, reencarnar, necesito olvidar los errores que tanto me molestan, quiero volver a empezar para aprender. Quiero tanto ser el hijo de Fabio y Angélica, mi *Calvita*, que ahora tiene una hermosa cabellera larga. Que lindo sería que me aceptaran como un hijo, para estar en esta casa ya no como un intruso, sino como parte de la familia.

– No puedo prometer por ellos, pero puedo por mí mismo. Planifiquemos, estoy seguro que no te rechazarán.

Un pobre circo pasaba por el pueblo, una joven soltera se sintió enferma, fue al hospital y el médico le encontró un embarazo de alto riesgo. Tuvo que ser hospitalizada y al ser dada de alta se dirigió al albergue del Centro Espírita, un albergue que no solo brindaba alojamiento sino que albergaba temporalmente a personas que no tenían donde quedarse. Esta niña estaba angustiada, lejos de sus familiares, porque el personal del circo siguió el viaje, y además no supo criar a su hijo.

El médico que la atendió se preocupó por ella, la joven corría riesgo de muerte.

Carmelo y otros amigos intentaron ayudarla; poco podían hacer; ese embarazo se interpuso en su vida, quería estar en el circo, hacer sus acrobacias y sus papeles de teatro, ese tiempo detenido la sacaría de ritmo y de forma. Ella permaneció en silencio, cavilando sobre su revuelta. Esta es la madre de

Osvaldo, este espíritu que, teniendo otra oportunidad de reencarnarse para empezar de nuevo, para aprender, a través de esta maravilla que es la encarnación, tendría otro cuerpo para vivir por un tiempo en el plano físico.

El sábado por la noche, a la hora señalada, Carmelo se dirigió a la Colonia, donde lo recibió un consejero.

– Tenemos la respuesta, Carmelo. Pensando en el bienestar de muchos que viven de las actividades de Fabio, ¡él seguirá siendo rico!

Carmelo sonrió aliviado y el asesor agregó:

– Siendo para bien, puedes cambiar los planes hechos antes de reencarnar. A través del libre albedrío, uno cambia para bien, para mejor y para mal. Hay muchos fracasados que planean esto y aquello y la ilusión de la materia les hace olvidar y dejar de hacerlo. Del mismo modo, las reacciones desagradables pueden ser anuladas por el amor, por el bien hecho a los compañeros de camino. Fabio quería, por eso pensaba quedarse en la pobreza y no rebelarse, pero ya se probó a sí mismo que no lo hará, la rebeldía no forma parte de su carácter. Y él hizo con el préstamo que recibió de posesiones financieras, lo usó de tal manera que no será el único involucrado; si se empobrecía, muchos se quedarían mucho más tiempo. Y también hay muchas oraciones de agradecimiento que acuden a nosotros, pidiendo protección para él y su familia. Mucha gente no sabe cómo sería la vida sin la ayuda de Fabio. La gratitud es una fuerza inmensa y la bendición de ese sentimiento fortalece, inspirando lo mejor. Para Fabio, que se muestra desapegado, volverse pobre sería un período extra de trabajo; realmente los más perjudicados serían los que ayuda. Por eso, Carmelo, Fabio seguirá con estos préstamos, porque los cuida bien, es un depositario fiel y merece recibir más.

El domingo por la mañana, cuando Fabio se levantó, Angélica ya estaba en la sala con sus cuatro hijos.

– Angélica – dijo –, hoy me levanté muy bien. Decidí no comprar esa cabaña. No sé cómo se me ocurrió tal inversión. Me están presionando; ahora daré mi respuesta: definitivamente no la compraré. ¡Y qué aliviado me siento![13]

– ¡Eso es genial, Fabio! No me gustaba verte preocupado. Yo creo que tomaste la mejor decisión, yo no quería que vendieras las heladerías y dejaras el proyecto a esos muchachos que estudian y trabajan.

---

[13] Es interesante notar que Fabio tuvo su libre albedrío y no pudo haber seguido el consejo de los mentores. La decisión final fue de Fabio.

Fabio llamó por teléfono y habló con la persona que quería venderle el terreno, él insistió, pero el esposo de Angélica se mantuvo firme y descartó el trato de una vez por todas.

Sonó el teléfono, Fabio contestó y luego se dirigió a su esposa:

– Angélica, ¿conoces a esa chica del circo que estaba embarazada? Ella desencarnó el viernes al dar a luz, dejó huérfano a un niño. Me llamaron del hospital dándome la noticia, así como también que habían informado a la familia en el circo y que solo venía su madre al entierro y que no quería llevarse al niño, lo dejó en adopción.

Dijeron que es pequeño, pero saludable.

Se miraron, entendieron, Angélica se levantó y dijo:

– ¿Vamos?

– ¡Sí! – Respondió Fabio.

Angélica le gritó a Nena, que estaba en la cocina.

– Nena, mírame a los niños, voy para allá y vuelvo enseguida.

– ¿Allá dónde? – Preguntó Nena, dirigiéndose a la sala.

– A buscar... ¡Volvemos enseguida! – Respondió Angélica.

Y efectivamente, como cuarenta y cinco minutos después regresaron y fueron al cuarto donde estaba Nena con los niños. Angélica se sentó. Los niños, curiosos, se acercaron y miraron lo que tenía en sus brazos.

– Ven a ver, este es el más joven miembro de nuestra familia, tu hermanito.

– ¿Cómo se llama? – preguntó Mónica.

– ¡Murilo! – respondió Fabio.

– No tiene dientes – dijo Milton.

– Es demasiado pequeño – dijo Melina, mirándolo.

– Tú también eras pequeño, él crecerá pronto – explicó Fabio. Murilo bostezó y sonrió. Todos rieron. Angélica los miró, los amó y en sus pensamientos agradeció a Dios por sus hijos, por la oportunidad de ser madre. Acurrucó al bebé cerca de su corazón. Fabio, conmovido, no quería llorar, pero dos lágrimas rodaron por su rostro y exclamó en voz alta:

– ¡Gracias, Padre Celestial, por la familia que tenemos!

Fin.

Libros de Vera Lúcia Marinzeck de Carvalho
y Patricia

Violetas en la Ventana

Viviendo en el Mundo de los Espíritus

La Casa del Escritor

El Vuelo de la Gaviota

Vera Lúcia Marinzeck de Carvalho
y Antônio Carlos

Amad a los Enemigos

Esclavo Bernardino

la Roca de los Amantes

Rosa, la tercera víctima fatal

Cautivos y Libertos

Grandes Éxitos de Zibia Gasparetto

Con más de 20 millones de títulos vendidos, la autora ha contribuido para el fortalecimiento de la literatura espiritualista en el mercado editorial y para la popularización de la espiritualidad. Conozca más éxitos de la escritora.

Romances Dictados por el Espíritu Lucius

La Fuerza de la Vida

La Verdad de cada uno

La vida sabe lo que hace

Ella confió en la vida

Entre el Amor y la Guerra

Esmeralda

Espinas del Tiempo

Lazos Eternos

Nada es por Casualidad

Nadie es de Nadie

El Abogado de Dios

El Mañana a Dios pertenece

El Amor Venció

Encuentro Inesperado

Al borde del destino

El Astuto

El Morro de las Ilusiones

¿Dónde está Teresa?

Por las puertas del Corazón

Cuando la Vida escoge

Cuando llega la Hora

Cuando es necesario volver

Abriéndose para la Vida

Sin miedo de vivir

Solo el amor lo consigue

Todos Somos Inocentes

Todo tiene su precio

Todo valió la pena

Un amor de verdad

Venciendo el pasado

Libros de Eliana Machado Coelho y Schellida

Corazones sin Destino

El Brillo de la Verdad

El Derecho de Ser Feliz

El Retorno

En el Silencio de las Pasiones

Fuerza para Recomenzar

La Certeza de la Victoria

La Conquista de la Paz

Lecciones que la Vida Ofrece

Más Fuerte que Nunca

Sin Reglas para Amar

Un Diario en el Tiempo

Un Motivo para Vivir

¡Eliana Machado Coelho y Schellida,
Romances que cautivan, enseñan,
conmueven y
pueden cambiar tu vida!

Romances de Arandi Gomes Texeira y el Conde J.W. Rochester

El Condado de Lancaster

El Poder del Amor

El Proceso

La Pulsera de Cleopatra

La Reencarnación de una Reina

Ustedes son dioses

Libros de Vera Kryzhanovskaia y JW Rochester

La Venganza del Judío

La Monja de los Casamientos

La Hija del Hechicero

La Flor del Pantano

La Ira Divina

La Leyenda del Castillo de Montignoso

La Muerte del Planeta

La Noche de San Bartolomé

La Venganza del Judío

Bienaventurados los pobres de espíritu

Cobra Capela

Dolores

Trilogía del Reino de las Sombras

De los Cielos a la Tierra

Episodios de la Vida de Tiberius

Hechizo Infernal

Herculanum

En la Frontera

Naema, la Bruja

En el Castillo de Escocia (Trilogia 2)

Nueva Era

El Elixir de la larga vida

El Faraón Mernephtah

Los Legisladores

Los Magos

El Terrible Fantasma

El Paraíso sin Adán

Romance de una Reina

Luminarias Checas

Narraciones Ocultas

La Monja de los Casamientos

Libros de Elisa Masselli

Siempre existe una razón

Nada queda sin respuesta

La vida está hecha de decisiones

La Misión de cada uno

Es necesario algo más

El Pasado no importa

El Destino en sus manos

Dios estaba con él

Cuando el pasado no pasa

Apenas comenzando

Libros de Mónica de Castro y Leonel

A Pesar de Todo

Con el Amor no se Juega

De Frente con la Verdad

De Todo mi Ser

Deseo

El Precio de Ser Diferente

Gemelas

Giselle, La Amante del Inquisidor

Greta

Hasta que la Vida los Separe

Impulsos del Corazón

Jurema de la Selva

La Actriz

La Fuerza del Destino

Recuerdos que el Viento Trae

Secretos del Alma

Sintiendo en la Propia Piel

World Spiritist Institute

https://iplogger.org/2R3gV6

www.ingramcontent.com/pod-product-compliance
Lightning Source LLC
Chambersburg PA
CBHW021949120726
47992CB00001B/221